# 禅と生きる

生活につながる思想と知恵
20のレッスン

宇野全智 著

山川出版社

# はじめに

今、禅が静かなブームになっています。

アップル社の創業者の一人、スティーブ・ジョブズが禅僧に師事していたことが知られるようになり、アメリカやヨーロッパを中心に、坐禅や禅的な考え方に関心を持つ人、そしてそれを実践する人が増えてきました。これに影響されるようにして、「一度、坐禅を体験してみたい」と関心を持つ日本人も多くなっています。

以前、東京オリンピックを見据えた外国人観光客誘致のためのイベント（観光庁、政府観光局主催）が行われました。その中で、外国人の旅行を取り扱う代理店向けの坐禅体験会を開催しました。この時は、私が勤める曹洞宗の本部にある百畳敷きの和室で、同時通訳をつけて禅の話をし、実際に坐禅体験をしていただきました。二時間ほどの短い会でしたが、予想をはるかに上回る参加希望者がありました。

しかし開催するにあたって、一つ疑問に思ったことがありました。行政が主催して、坐禅体験、つまり宗教的なイベントをしても大丈夫なのだろうか――。この疑問を担当者に直接尋ねたところ、「禅は一つの宗派のものではなく、広く日本の文化や伝統芸能、茶道や華道、剣道や柔道といったものの根底にある価値観だと捉えています」という言葉が返ってきました。

たしかに、日本で生まれ、発展してきたさまざまな伝統文化には、禅の魅力がふんだんに取り入れられてきた背景があります。また、「もったいない」や「ありがとう」「いただきます」や「ごちそうさま」「お先にどうぞ」など、日本人が大切にしてきたたしなみや節度、優しさや謙虚さなどの根底にも、禅や仏教の教えが少なからず流れています。誰から教えられるまでもなく、身に付き、染み付いてきた価値観は、一つの宗教や宗派の枠組みを超えて、また時代を超えて浸透し、伝えられてきたと言ってよいものです。

一方で、形や言葉にしなくても伝わってきた「共通の価値観」は、いつの間にか消えてしまうという危険も持ち合わせています。世代が変わり、価値観が多様化するようになった社会の中では、作法だけでなく、何がよいことで何が悪いことなのか、正しく、幸せに生きるとはどういうことなのか、人はどうすれば穏やかに、安らかに生きていけるのかといった根本的な問いに向かう禅の姿勢や考え方がだんだん見えにくくなってきています。

本書では、そもそも禅が、また仏教が、何をどのように考え実践してきたのか、その理由と目的（目標）はどこにあるのかを整理してみたいと思います。日常生活で考えあぐねてしまうような問題を取り上げながら、禅ではどう考えるのか、その根拠が分かるように具体的にお経や名僧の伝承も取り上げました。「禅的生き方」のいろはとして、読んでいただければと思います。

目の前にある問題を一つの山に喩《たと》えてみます。大抵の山にはいくつかの登り口がありますね。頂上までの時間はかかるけれども、比較的歩みやすい道、あるいは時間を短縮できる近道とさまざまです。

私は、目の前に聳《そび》える山に登る一つの道として、禅の思想を語ってみます。問題によっては入口さえ全く見当たらないということもあるでしょう。しかし思わぬところに登り口が隠れていることがあります。禅は、今までゴールだと思っていたところには実はゴールがないことを教え、この道しかないと悩んでいたところに別の道を照らし出します。一つの価値観や実践として捉えた場合、私たちが抱える悩みやモヤモヤした疑問にどう対処すればいいか、禅のヒントをお伝えし、一緒に考えていただけたらと思います。

とはいっても、むずかしく考える必要はありません。
「禅」というとどこか堅苦しい、真面目なイメージばかりが先行しがちですが、実は、普段の生活の中でいつの間にか硬直化してしまった頭と心を解放してくれるのが魅力の一つです。ページの左下に現れるお坊さんは坐禅をしたり、雑巾がけをしたり、禅僧の日常を表現しました。この本を読む時にも張りすぎず、緩めすぎず、ゆったりとした気分でお付き合いください。

二〇一七年三月

宇野全智

禅と生きる　もくじ

## II

装丁・本文　濱崎実幸

挿絵　野崎裕子

# 禅と生きる

# I

# I 無心とは、空っぽの状態ではない

## 禅問答から

禅の世界に伝わる物語です。

昔、ある老婆が若い禅僧と出会いました。禅僧は諸国を行脚《あんぎゃ》し、修行の旅を続けていたのですが、老婆はこの禅僧を「なかなかに見どころがある」と見込んで、一軒の庵《いおり》を建てて住まわせ、修行の手助けをすることにしました。

禅僧は毎日の宿や寝具、食事の心配をすることなく、修行に打ち込める環境を手に入れました。老婆は若い娘に手伝いをさせながら、献身的に禅僧の修行を支えました。

それから二〇年が過ぎたある日、老婆は考えました。「あの僧もこれほどの歳月を修行したのだから、相当の力を身に付けただろう。よし、その実力を試してみよう」

そして、世話係を務めていた娘にこう言いました。「今日、お前がお坊さまのお世話で庵に行った時に、後ろからそっと抱き着いて、耳元で色っぽく「お坊さま、今どんなお気持ちですか？」と聞いてみなさい」

娘は庵に向かい、老婆の言う通りにしました。

すると禅僧は平然とした顔で、

枯木《こぼく》寒巌《かんがん》に倚《よ》りて三冬暖気無し

あなたが私に抱き着いて誘惑したところで、それは凍て付いた岩に枯れ木が寄り掛かったようなものです。真冬に暖気がないように、私に欲情など全くありませんよ。

と答えました。

娘がこのことを話すと、老婆は烈火《れっか》のごとく怒り、「私は二〇年もの間、あんな俗物に供養をしていたのか、ああ忌々《いまいま》しい！」と、すぐに禅僧を追い出すと、住んでいた庵も汚らわしいと、焼き払ってしまったのでした。

これは禅問答の一つで、婆子焼庵《ばすしょうあん》という話です。

実に面白い問答で、普通なら「修行をして、年頃の娘の色気にも打ち勝った」と褒められそうなものですが、この答えに老婆は激怒します。その理由はどこにあったのでしょうか。禅僧は何と答えれば老婆の怒りをかわずに済んだのか、あなたはどう考えますか。

ひとまずこの禅問答については措《お》き、普段の坐禅から話を始めたいと思います。

## 「無」が頭の中で膨らんで

坐禅会をすると、「なかなか無心になれません、坐禅中、雑念が消えなくて困るのですが、どうすればよいのでしょうか」といった質問を受けることがよくあります。たとえば、どんなことを考えてしまうのですか、と聞くと、時計や空調など、周りの小さな音が気になってしまう、仕事のことを思い出してしまう、ふと、お腹がすいたと思って、それがずっと気になってしまう、どうでもよい出来事を思い出し、それが頭の中をグルグル回る、などさまざまです。

そして、「せっかく坐禅をしているのだから、これではいけないと、聞こえないようにしよう、忘れよう、気にしないようにしよう、とがんばってみるのですが、なかなかうまくいきません。どうしたらよいのでしょうか」と言うのです。

よく誤解される点ですが、坐禅の修行を重ねても、暑さ寒さを感じなくなることはありません。これと同じく、耳に入ってくる音が聞こえなくなったり、空腹を感じなくなることもありません。むしろ、じっと静かに坐っているわけですから、何かをしている時よりも敏感になっていると言ってもいいくらいです。

ここで、聞こえないようにしよう、感じないようにしようと考えると、「聞こえないようにしようと一所懸命に考えている」という状態になってしまいます。これでは本末転倒で台無しです。そこで「なかなか無心になれない」という方には、こうお伝えしています。

「無になろうとすることとは、頭の中で「無になろう」と考える作業を生み出します。その結果「無」という漢字が頭の中で大きく膨らんで、それに押しつぶされてしまうのです。まずは無になろうと考えるのをやめてみてください」

喩えるなら、無心になろうとすることは、自分が台所にあるボウルとなって、水が入らないようにと考える作業に似ています。一滴も水が入らない「空っぽの状態」を保とうとするわけです。しかし生きているとは、さまざまな身体感覚や思考、感情などが、どしゃ降りの雨のように降り注いでいるということですから、いくら防ごうとしても水は入ってきます。そもそも感情は内側から湧き出しているものですから、い

くらボウルを密閉しても無駄なのです。

では、どうすればよいのか。

禅の「無心」のイメージを正確に伝えるならば、それは聞こえたこと、感じたこと、思い浮かんだ事柄を、そのままに流していくことです。聞こえる音を「聞こえないように」と考えるのではなく、音が聞こえたなあと流していくのです。

カラスが「カァ」と鳴く声が聞こえたなら、右から聞こえてきた鳴き声が左の耳から抜けていくように、身体感覚も同じで、暑いと思う感覚も空腹感もそのまま流していく。肝心なのは、留めず、淀《よど》みない流れの中に流していくことなのです。

## 思考の連鎖を断ち切る

たとえば、自分がボウルではなく、ザルだとしたらどうでしょう。

ザルであれば、いくら水が入ってきたとしても中に溜《た》まることはありません。上から入ってきた水は、ザルを通り抜けて流れ出ていきます。蛇口の水をチョロチョロ出せば、水はチョロチョロ流れていきますし、たくさんの水を勢いよく流せば、それも勢いよく流れ出ていきます。たとえ、どしゃ降りの雨の中であっても、ザルに水が溜まることはありません。

この感覚を、「無心になる」時のイメージに使うのです。暑い時は「暑いなぁ」と、寒い時は「寒いなぁ」と、流し去っていく。お腹がすいた時には「お腹がすいたなぁ」と、そのまま流し去っていく。ただし、「お腹がすいたなぁ」から、「では、この後どこでご飯を食べようか。何を食べようか」と考えていくことはやめます。思考の連鎖を一度断ち切って、そのままに流していくのです。入ってくるもの、浮かんでくるものを妨げるのではなく、淀みなく流れていくことを妨げないようにするのです。

私たちの日常生活は思考の連鎖で成り立っています。これは物事を効率的に進めていくために必要なことです。しかし一方で連鎖が生まれることで、思考のクセに左右され、迷いや苦しみを生み出すこともあります。

坐禅の場を離れて考えてみましょう。日常生活で、たとえば不愉快な出来事や不本意なトラブルが起こったとします。その時、起こった事柄を受けて連鎖反応のように感情が次々と湧き起こり、怒りや悲しみを増幅させてしまうことがあります。第一の矢から第二の矢、第三の矢と負のスパイラルに飲み込まれていくことも少なくありません。

感情の連鎖、またこの連鎖を生み出す思考のクセから、いったん離れてみる経験はとても意味があります。あるがままの空気をそのままに感じる。あるがままの音をそのままに聞く。あるがままの自分の感覚を、そのままに味わう。計らいから自分を解き放ち、素直にそのままを感じる。そんな経験が、無心になる価値でもあります。

身体感覚を感じないようにすることは土台無理ですし、もしできたとしてもそれは禅の修行の目指すものではありません。生きている以上、身体感覚はあって当然のものです。同じように食欲などの欲望も、生き物であれば自然なことで、これをなくそうとするのは見当違いです。

ただし欲望は野放しにすると、苦しみを生み出します。重要なのは、感じないようにすることではなく適切にコントロールする術《すべ》を身に付けることです。感情も同様です。人間として生きていく上でなくてはならないものですが、不用意に増幅させないようにコントロールしていく必要があります。このコントロール、自制については改めてお話ししたいと思います。

さて、先ほどの「婆子焼庵」に戻りましょう。

禅問答は、師匠が弟子に与える「課題」で、この問いの答えを参究（参禅し真理を究めること）する中で修行を深めていく性質のものです。どう解釈しどう受けとめるかはそれぞれ自分で考えなさいと、正解も提示されてはいません。したがって、どの受けとめ方が正解ということはないのですが、私はこう考えます。

禅僧はきわめて優等生的な、模範解答のような言葉を口にしたのだけれど、これは本当の気持ちだったのだろうか。年頃の可愛らしい娘に抱きつかれた時の、禅僧の正直な気持ちはどうだったのだろうか。正直な気持ちでないのだとすれば、偽りの言葉を口にする意味と目的は、どこにあるのだろうか。

娘を偽り、老婆を偽り、またみずから思い込もうとして口にした世界は、一見整ってはいますが、所詮、絵空事の世界でしかありません。

またもし本当に娘を「枯れ木」のように感じたのだとしたら、その言葉を若い娘に向かってそのまま口にするだろうか。そもそもこの状況で「凍て付いた岩に枯れ木が倚り掛かっているようだ」と感じることが、禅の修行の結果として正しい方向なのだろうか。

それこそ、禅の修行の目的を見誤った、目標違いのとんちんかんな結果なのだと思うのです。

では、この時禅僧はどう答えるべきだったのか。

昔からたくさんの禅僧が自分の考えを述べています。その中でも私が一番好きなのは「あなたが私に好意を持ってくれているのなら、その気持ちはうれしい。あなたの身体はやわらかで、よい匂いがしてとても気持ちがいい。でも見ての通り、私はまだまだ修行を続けなければならない身なのです。お願いだから、邪魔せず静かに見守ってくださいね」というものです。

## 2 道元禅師が伝える「働く」意味

### 仕事と修行

ここ数年、禅の教えを仕事に活かしたいと、社員研修に坐禅を取り入れる企業が増えてきました。新入社員や管理職を対象にしたものなど、年代や職種はさまざまで、業種も多岐にわたります。研修では、坐禅の体験や禅の教えを学ぶ講義、ディスカッションの他、僧侶と参加者の自由なお話の時間を組み込んだりもします。すると「自分は何のために働くのか」という問いが実に多く聞かれます。こうした迷いを持つ人は案外多いようです。

「働く理由、意味は何ですか？」と問われたら、あなたはどう答えるでしょう。

多くの人にとって、第一の理由は収入を得ることでしょう。一人前の社会人として自立し、家族を養う。でもそれだけでは心からの納得が得られないかもしれません。これには、仕事に費やす時間の長大さも影響しているように思います。

そしてそれだけでなく、「働く」意味に納得することは、自分の人生を再確認する作業につながるのでしょう。だからこそ、仕事へのやりがいをどう見つけるかが、誰にとっても重大事なのだと思います。

では、禅は「働く」意味をどう考えるのでしょうか。

ここに興味深い話があります。

### 他は是れ吾れにあらず

今から八〇〇年ほど前の出来事です。

のちに、日本に曹洞宗を開くことになる道元《どうげん》禅師《ぜんじ》は、宋の港町、寧波《ニンポー》にいました。本場の禅の教えを学びに日本からはるばるやってきたのです。

長い船旅を経てようやく港に着きましたが、その後数か月間、船に留まることになります（理由は定かではありませんが、入国の手続きに手間取ったとも、中国語を学んでいたとも言われています）。早く各地の道場で修行したいと、じれったい思いで過ごしていたある日、港に食材を買いに来た老僧と出会いました。老僧はある修行道場の食事を司る役職、典座《てんぞ》についていました。禅師はお茶をふるまい、いろいろ話を聞くことができましたが、ほどなくして、老僧はもう帰らなければならないと言います。中国での修行についてさらに知りたいと思ったのでしょう。禅師は「せっかくのご縁です。食事を召し上がっていってください」と誘いますが、老僧は「私には修行道場で食事を調える責任がある。帰らないわけにはいきません」とにべもありません。

禅師は「たとえあなたが帰らなくても、他にも食事の係はいるでしょう。あなた一人いなくても何とかなるでしょうに」と食い下がりますが、老僧は「私は道場で典座という修行の場をいただいている。どうしてこれを放り出すことができましょう」と譲りません。

禅師は思わず言います。

「そんな仕事は若い人に任せて、坐禅をしたり、仏典を読んだりと、もっと有意義な修行をなさったらよいでしょうに。そんなふうにひたすら働いて、一体どんなよいことがあるというのですか」

すると老僧は大笑いし、こう言いました。

「日本から来た若い僧よ、あなたは修行というものがちっとも分かっていないようで

すな」

　禅師は聞きました。

「では、修行とは一体どういうものなのでしょうか？」

　老僧は「私の言葉の意味が分からないのなら、いつの日か訪ねて来なさい」と言い残し足早に帰っていきました。禅師はのちに「私はあの時、老僧が言った言葉を全く理解できなかった」と振り返っています。

　その後、寧波を離れた禅師は、各地の修行道場を訪ね歩きながら修行をしました。天童山という道場で修行していた時のことです。この寺の老典座（港で会った老僧とは別人です）が、仏殿（本堂）の前の庭で海藻を干しているのが目に入りました。手には杖《つえ》を持ち、焼けつくような暑さの中で汗を流しながら一心不乱に海藻を干す姿は、だいぶつらそうに見えます。背骨は弓のように曲がり、鶴のように白い眉をした老僧は、年を尋ねると六十八歳だと答えます。思わず禅師は言いました。

「あなたのようなお年の方がどうしてこんな大変な仕事を！　部下や雇人にやらせればよいではありませんか！」

「他は是れ吾れにあらず」（他人がやったのでは、私の修行にはなりません）

　老典座の言葉を聞いた道元禅師は、それでもと食い下がります。

「それならば、こんな暑い時間ではなく、夕方のもう少し涼しい時間にやればよいでしょうに」

この言葉に老典座は「更に何《いず》れの時をか待たん」（今やらずに、いつやるというのか）とだけ答えました。

道元禅師は「この言葉を聞いて、私は次の言葉が出なかった」と後に記しています。禅師にとって修行とは、坐禅をしたり書物を読んだり、師匠に参じて問答をしたりするものでした。食事の準備などは雑事であると認識していました。しかし中国の修行道場で出会った老典座は違ったのです。与えられた役目を一心に務めることこそが、大切な修行であると受けとめていました。

このことをきっかけに、禅師の修行観は大きく変化します。修行と働くことは一つのものであり、与えられた役目を丁寧かつ誠実に務めることが、修行そのものなのだということに気がついた瞬間でした。

## 仕事と修行は表裏一体

禅師は帰国後すぐに、『典座教訓』というお経を書き上げます。そこには働くことの価値や、どのような心構えで働くことが修行となるのかが丁寧に記されています。

「自分に順番が巡り、修行道場の役職につき仕事を務めることになったなら、喜心、老心、大心という三つの心構えをしっかりと持たなければならない」と禅師は述べます。

第一の喜心とは、自分の為した務めが誰かの役に立ち、自分の存在が誰かの生活を支えていること、そうした巡りあわせで仕事ができる喜びを感じること

第二の老心とは、老婆心ともいい、老婆が孫を思うように、また親が子を思うように心を尽くし、相手を思い、仕事に当たること

第三の大心とは、大きな山のようにどっしりとした、偏ったり固執したりしない心を持つこと。浮かれも落ち込みもせず、物事を俯瞰《ふかん》し、成功も失敗も一つの景色の中に一緒に捉える心を持つこと

こうした心構えで務めを為すならば、どんな種類の仕事であったとしても、自己を磨き、深める修行となるのだと禅師は強く言うのです。

当時の修行道場では、典座は誰もが嫌がる役職でした。修行僧全員分の三度の食事を調えるわけですから、朝から夜寝るまでの大半を、他人の食事の準備と後片づけに

費やすことになります。「私は何のために修行道場にいるのだろうか」と考えてしまいそうです。

しかし禅師は「他人の修行を助ける役割を担うことは、自分のために修行するよりもはるかに尊い修行となるのだ。そのことに気づかずにただ漫然と、あるいは嫌々仕事に当たるならば、無駄につらい思いをするだけで結局何も得ることができない。それは宝の山に入って手ぶらで帰ってくるようなものだ」と説きました。


何のために働くのか――。

その意味を、禅では、働くという行為の中に自己を磨く修行の要素が詰まっている、言い換えれば仕事と修行は表裏一体であると考えます。ここで重要なのは、「働くことが、自己を磨く修行になるのだ」と自覚することです。

働くことが修行である、そして修行する姿が悟りそのものであるという禅の考え方を、実際の仕事との関係に置き換えてみましょう。あなたが仕事をしていることと、人間として成長すること。これは切り離して考えられるのかどうか。そもそも一体のものなのではないのか。

逆に、生活のための手段として仕事を捉えることもできますが、それこそまさに道元禅師の言葉にある「宝の山に入って手ぶらで帰ってくるようなもの」でしょう。目の前の仕事の良し悪しを言ったり、選り好みをする前に、ここに大きな学びと成長の機会があると捉えること。そして何より仕事はいつかどこかで「誰かの役に立つ、誰かの人生に貢献する」行為だと考えること。その価値をきちんと認識して、つとめること。喜びの心、相手を思いやる心、大局観に立った大きな心、そうした心で仕事に向かうこと。小さな積み重ねによって、自分の多くの時間と労力を注ぐ仕事、そして働くことの意味が大きく変わってくるのです。

# 3 張りすぎず、緩めすぎず

## 坐禅と片づけ

私は、片づけというものが苦手です。

禅寺はいつもきれいに掃き清められているイメージがあることも手伝って、「お坊さんなのに？」と意外に思う方もいるかもしれません。なるべくきれいにしておこうという気持ちはあるのですが、それでも研究室の机は本や資料ですぐに散らかってしまいます。折に触れて、「よし！　掃除をしよう」と意気込んでも二日もしない内に机の上はまた資料で溢《あふ》れかえります。それに、片づけた後に書類をどこにしまったのか分からなくなり、これを探すのにまた書類ケースをひっかきまわして、さらに散らかることも度々です。

多少イライラしながら、何で私はこんなに片づけが下手なのだろうと、自分でも不思議に思っていたのですが、ある時、そもそも私の片づけの方向性が違っているのではないかと考え始めました。見た目がきれいになるように整理することと片づけることは違うのではないか……。

私は目標を変えてみることにしました。

「片づけの時には、見た目の状態はあまり気にしないで、後で使いやすいようにと工夫してみよう」

研究室にある大きな机に資料を広げて、進行中の仕事のものは、辞書は開きっ放しでもよし、資料は出しっ放しでもよし、ボールペンも蛍光マーカーも、使っている資料のそばに置きっ放しでよし。ただし終了したら、机に置かずに片づける。

そうすると、一見散らかっているように見えても仕事の効率はよくなりました。翌日は、昨日していた仕事にすぐに戻ることができます。資料が他の仕事のものと交じって行方不明になることもなくなりました。他人から見れば、前と同じく散らかった机に見えるのでしょうが、私にとっては実に仕事のしやすい空間になったのです。

## 禅の考える「ととのう」

今から約二五〇〇年前、お釈迦《しゃか》さまは古いインドの王族の家に後継ぎとして生まれました。お釈迦さまは季節ごとに別々の宮殿を持ち、最上級の織物で作った着物を纏《まと》い、欲しいものは何でも手に入る贅沢な環境で、たくさんの召使いに囲まれて育ちましたが、この環境で生涯を送ることを選びませんでした。どんなに贅沢《ぜいたく》な生活を送っていても、いつかは終わりの日が来る。誰しも老い、そして死んでいかなくてはならない。贅沢な暮らしをすればするほど、終わりの日は恐怖となり、自分を不安に追い込んでしまう。

そこでお釈迦さまは、たった一人の家来を連れてお城を抜け出し、苦行の生活に入ります。しかし何年続けても、心に安らぎが宿ることはありませんでした。

こんなに身体と精神を痛めつける修行をしても、いつまでたっても納得する答えを得ることができない。私のやり方は間違っているのではないか。

そう気づいた心境はどのようなものだったのか。

そのヒントとなる話が、のちの弟子への説法の中に出てきます。これは「弾琴のたとえ」と呼ばれる有名な逸話で、あまりに熱心に修行しすぎて疲れ果ててしまい、還《げん》俗《ぞく》して家に帰ろうと考えた弟子への説法です。ちなみにこの弟子は琴を弾くのがとても上手な人でした。

釈迦　あなたは在家の生活をしていた時、とても上手に琴を弾いたのだそうですね

弟子　はい、そうです

釈迦　では、この琴を弾くのに、強く張ればいい音が出るのだろうか？

弟子　いいえ、張りすぎた弦ではよい音は出ません

釈迦　では、弦を緩く張ったら、どうだろうか？

弟子　いいえ、緩すぎる弦でもよい音は出ません

釈迦　では、強くもなく弱くもなく、弦を張ったらどうだろうか？

弟子　その時にこそ、琴はよい音色を奏でます

釈迦　弟子よ、修行もまた同じで、焦って限界を超えた修行をすることもよくはないし、逆に手を抜いて怠けてしまってもよい修行とはならない。だからこそ、ちょうどよい張り具合の琴を弾く心持ちで、修行に務めなければならないのだよ

（『中阿含経』弾琴の喩）

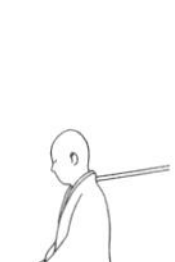

禅が考える「ととのう」は、バランスよく調和すること。これは坐禅にも、日常生活にも応用できる考え方です。

## 外から見てどうなのかではない

坐禅に「調身」という考え方があります。坐禅を指導する時に一番初めにお伝えする基本の第一で、静かに足を組んだら、まず初めに姿勢をととのえます。しかし、この「ととのえる」ことの意味が実に伝わりにくい。

坐禅を初めてされる方に「姿勢をととのえてください」と話すと、腰をぎゅっと入れて、背筋をピンと伸ばして、とても格好のいい姿勢を取ろうとします。喩えるなら体育の先生に「気を付け」と言われた時の姿勢の坐禅版のようです。そして「私の姿勢はきれいですか」「これでいいですか」「どこをどう直せば、もっときれいになりますか」と心配そうに尋ねます。

そもそも、坐禅版の「気を付け」のような姿勢は、見た目には美しくとも長い時間の坐禅には不向きです。禅の「よい姿勢」は、外からどう見えるのかではなく、自分でどう感じるのかにポイントがあります。私は「坐禅の「ととのえる」は整理整頓の「整」ではなく、調和の「調」です。つまり、身体が無理なくバランスが取れた状態

で、楽に穏やかに坐ることができるかが重要です。他人からどう見えるかはあまり関係がないのですよ」と伝えるようにしています。

この言い方は、坐禅の知識が少しでもある方は意外に思うものかもしれません。実は私も、勘違いをしていた時期が長くありました。鏡を見ながら姿勢を直し、いかにきれいに、形よく坐るかを研究した時期もあります。またこの世界には、「あの人は坐相がよい」という褒め言葉があるくらいですから、修行僧同士もある意味競い合って姿勢のよさを追求する面もたしかにあるのです。しかし、これがやってみると全く落ち着かず、気持ちのよい穏やかな坐禅にはなりません。腰は痛くなるし、肩は張って上体はぐらつくしで、どうにも定まらず、目指していたものは何だったのか心許なくなります。

そんな時、同僚の研究者が、筋肉を使わず骨格だけでバランスよく坐るという考え方を教えてくれました。彼は、どうすれば心地よく坐禅を組んでもらえるかを考えている専門家です。坐禅堂に骨格標本を持ち込んで「皆さんの身体の中の骨格を、バランスよく調えてください」と指導しています。

教わったことを実際にやってみると、これまでとの差は歴然で、私も無理なく、自分の身体にあった姿勢を見つけることができました。それ以来私も「外から見てどうなのか、ではなく、自分にとってバランスよく調和しているのかを自分自身で丁寧に確認してください」と一言添えるようにしています。そして本人が希望しない場合にはあまり姿勢に手を加えないようにしています。

こういう事情もあって、私たちが行っている坐禅会の方々は、姿勢は一見バラバラです。でも、体型や年齢、性別が違うのですから、バランスがとれる位置も違って当然です。もし参加者の方から姿勢について聞かれた時には、「あなたはどう感じていますか。もし無理がかかってしびれたり痛かったりする箇所があるのなら、それを解消する方法を一緒に考えましょう」と伝えます。大切なことは、身体を緊張させすぎず、けれども緩めすぎず、全身が調和することをイメージして坐ることなのです。

## 振り子のように

坐禅では、坐り始めに左右揺振《さゆうようしん》、つまり身体を左右に振り子のように振り、次第に揺れを収めていく作法を用います。この時私は、自分の日常も振り子のようなものだと感じます。

それはたとえば、理想と現実の振り子。日常には、高い理想に向かって進んでいける自分と、現実の壁に突き当たって戸惑っている自分がいます。

また、理性と感情の振り子。自分の心をコントロールできている時もあれば、感情に流され、迷う時もあります。

さらに、規律と欲望の振り子。規則正しい考えと行いを続けられる時もあれば、欲望に負け、生活を乱してしまう時もあります。

生きているということは実に、この振り子のようなものです。できる時ばかりではない、でも、できない時ばかりでもない。時計の振り子のように行ったり来たりしながら、何とかバランスを保ちながら日々を進んでいく。一方通行の後戻りできない階段を上るような作業ではなく、行ったり来たりする。

そう考えれば、強い時ばかりではない自分でも何とか生きていける気がしませんか？　別の言葉を使えば、その時の身の丈に合ったバランスを丁寧に取っていくということ。

これは、周りの人との関係性についても同じです。私自身、よい父親であること、よい上司であること、よい友人であること、完全無欠な存在でありつづけることはできません。少しでも「よい存在」であろうと努力してみても、弱くて、ずるくて、不完全な自分もいる。でも、たとえ格好よくなくても、できないところはできないなりに、さまざまな人とつながっていった時に、周りの全部と調和した自分が見えてくるのだと思うのです。

ある時、仕事のパートナーからこんなことを言われました。

「たまには、私にも頼ってください。あなたに頼ってもらえることは、私にとってとてもうれしいことなのです」

できるだけ迷惑をかけないようにと張りつめていた私が、ある時どうしようもない状況に追い込まれ、結果無理なお願いをした時にもらった思いがけない言葉でした。

## 4「目には、見えないものを見る」という思考実験

漢字は面白いもので、同じ読みの漢字でもいくつかの異なる字があって、それぞれの意味合いやニュアンスで使い分けられます。

「みる」という行為を表す漢字を考えれば、一般的によく使われるのは「見」るという字ですが、「診」るでは、「患者を診る」と使われ、問診をしたり、聴診器を当てたり、医師が患者をさまざまな方法で診察する様子が想像できます。また「看」るであれば、「病気の人を看る」など、手当てをしながら世話や看護をする様子が浮かびますし、「視」るという漢字からは「建設予定地を視る」のように、視察や調査をしな

がら、客観的に調べ分析する感じが伝わってきます。

こうして考えると、「みる」という一つの行為にもさまざまな「みかた」があると分かります。「みかた」が変われば、見えるものも見え方も変化します。ここで取り上げたいのは「観る」です。

「観」という漢字は、禅や仏教ではよく用いられ、「物事の道理を丁寧に、深く見通す」ことを意味します。「観光」という言葉がありますが、たとえば一つの建物の前に立った時、その建物が造られた時代背景やその頃の人々の生活、守り伝えてきた人々の歴史などを学びながら理解し、観ることで、より深い世界に通じていきます。目に見えるものの上辺だけを追っていくのではなく、知識と感性で丁寧に「観る」ことができた時に、自分にとってその存在の意味が大きく変わります。

## 一枚の白い紙

「観る」ことを考える時、いつも思い出すことがあります。

それは、あるお坊さんが教えてくれた「観る訓練」の話です。彼は、一枚の紙を手に取り、「ここに何が見えますか」と尋ねました。その紙は、実は白紙で、文字も絵も何も書かれていません。

想像してみてください。一枚の白い紙を出されて「ここに何が見えますか」と聞かれたら、あなたはどう答えるでしょうか。普通なら「何も見えません」と答えるはずです。なにせ白紙なのですから、ただ目で「見る」だけでは、何も見えないのは当たり前です。

では、「この紙は何からできているのだろうか」と考えたら、どうでしょう。

紙の原料はパルプです。つまり目の前の紙は、元々は木であるということを私たちは知識として知っています。「この紙は木からできているんだ」と繰り返し考えながら紙を見たらどうでしょう。

あなたも白い紙を一枚手に取って試してみてください。コピー用紙でもティッシュペーパーでも構いません。白い紙を一枚、目の前に置き、「この紙は木でできているんだ」と考えながら紙を見てみてください。

すると白紙の中に、紙の原料となってくれた木の存在が観えてきませんか。もちろん見えるといっても、超能力のようにリアルな形が見えるということではありません。でも、木からこの一枚の白い紙が生まれている、その縦のつながりがたしかに分かるはずです。これが観えるということです。

次に、この木は一本だけで立っていたのか、と考えます。どこに、どんなふうに立っていた木だったのかと横のつながり、その風景を想像します。私だったら、おそらく雨がたくさん降って木の成長が早い地域に、たくさんの木が並んで立っていたのだろうと想像します。すると、紙の中に林が見え、森が見えてきます。木が立ち並ぶ山が見えてきて、近くを流れる小川のせせらぎが聞こえてくるかもしれません。降り注ぐ太陽の光や、青空を流れていく雲、空を飛ぶ小鳥の鳴き声もそこにはあるでしょう。

こうして一枚の紙の中に感じられた一本の木は、さまざまなものにつながっていきます。

これは、想像を含んだ思考実験ですが、一枚の紙が目の前にあるという事実を丁寧に受けとめようと何度か練習すると、数え切れない存在をそこに感じることができるはずです。ただ目で見ているだけではちっぽけな紙切れ一枚であったとしても、深く観察し、想いを巡らせていく時、この紙一枚が、世界中のすべてとつながる自分を感じるきっかけになります。

## 一杯のお粥を「観る」

禅の修行道場では食事の時に、「五観《ごかん》の偈《げ》」を唱えます。

「偈」とは「偈文《げもん》」、つまり詩文で、修行生活における心構えを詩の形でまとめたも

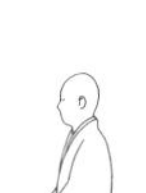

のです。たとえば顔を洗う時には「洗面の偈」、入浴の時には「入浴の偈」、お手洗いを使う時には「洗浄の偈」という具合に、それぞれの心構えがあり、これを唱えながら修行生活を送ります。この偈文によって、日常生活を、自分を育てる修行にしていくことができます。

「五観の偈」は、食事を摂るという行為を、自分の修行にしていくための心構えですが、読んで字のごとく、五つの心構えがあり、その一つ目にはこう書かれています。

一《ひとつ》には功《こう》の多少《たしょう》を計《はか》り、彼《か》の来処《らいしょ》を量《はか》る。

　この食事がここに来るまで、いかに多くの人々の手間や苦労があったか、深く思いを巡らせます。

修行道場の朝食は、お粥と沢庵漬け、ごま塩と質素なものです。そして一杯のお粥を前に、五観の偈を唱えます。

このお粥は一体どこから来たのか。私が坐禅や朝のお勤めをしている間に早起きをして、食事を調えてくれた、食事係の修行僧の顔が目に浮かびます。また修行道場までお米を届けてくれたトラックの運転手さんやお米を作ってくれた農家の方の存在に

も行き当たります。それだけではありません。トラックを作った人、トラックを作った人を支える家族、その人を生み育てた両親がいます。トラックを動かす燃料を運んだ人、燃料を精製する工場に勤める人、原油を運ぶタンカーの船員やタンカーを造った技術者がいます。そしてその両親がいて、さらにその両親の両親がいます。

　こうして深めていくと、一杯のお粥の中に、世界中のすべてが見えてきます。大切にいただこうという気持ちがおのずと満ちてきます。

## 人を「観る」

　私が以前、一緒に仕事をしていた人のことです。私よりずっと年上の研究者でしたが、私はこの人のことが嫌いでした。相性が合わないということもあったのでしょうが、二枚舌を使ったり、策を弄してミスや失敗を人に押し付けたりするところばかりが目につきました。仕事で揉《も》めれば、顔を見るのも同じ空気を吸うのも嫌になる時もあり、とにかく早く辞めてくれればいいのにと、ひどい悪口を職場の同僚と言い合うこともありました。

　ある日、たまたま偶然に、彼の家族と会う機会がありました。奥様は私を見て深々とお辞儀をされました。そばには二人の子どもがいて、彼は少し照れながら私を紹介してくれました。ほんの少しの時間でしたが、子どもたちは彼のことが大好きで、尊敬しているのだと伝わってきました。

この時私はとても恥ずかしく、穴があったら入りたい気持ちになりました。彼にも大切な家族がいて、彼を心配する奥さんがいて、彼を慕う子どもたちがいる。それまで私が見ていたのは、職場での本当に一部の顔でしかなかったのです。結局、彼のことが「観えて」いないからこそ、恥ずかしげもなく暴力的な思いを持っていたのだと気づきました。

その後も、彼を好きになることはありませんでしたが、事あるごとに、彼の家族の顔が目に浮かぶようになりました。

人を大切にしたい。ものを大切にしよう。そう口では言ってみても、実際の行動が伴わないのは、端的に言えば、「観る」ことができていないからです。

まずは「正しく観る」ことから、すべてが始まります。

## 5　牛は水を飲んで乳を出し、
## 蛇は水を飲んで毒を出す

近年、食育という言葉をよく耳にするようになりました。食べるという行為をどのように位置づけるのか、何をどのように食べることがよいのか、学校や家庭などで食の大切さが再認識され、意識が向けられています。禅では古くから、食事を作ることを重要な修行と考えてきました。同じように、食べることもまた修行です。

道元禅師は食事を作る側の心構えとして『典座教訓』を、食べる側の心構えとして『赴粥飯法《ふしゅくはんぽう》』というお経を残しました。

「赴」は赴くこと、「粥」「飯」はそれぞれお粥とご飯ですから、「お粥やご飯を食べに赴く時の心構えと作法」という題名の通り、食器の扱い方からお給仕の受け方、食器の洗い方、その時々のお唱えの内容と作法までがこと細かに記されています。実際の修行道場での食事の際のお唱えごとはかなり長いものなのですが、ここではその一部である「五観の偈」を紹介し、禅の食事観をお伝えします。

その第一は前章で見たものです。

一には功の多少を計り、彼の来処を量る。

この食事がここに来るまで、いかに多くの人々の手間や苦労があったか、深く思いを巡らせます。

そして次のように続きます。

二《ふたつ》には己《おのれ》が徳行《とくぎょう》の、全欠《ぜんけつ(と)》を忖《はか》って供《く》に応《おう》ず。

この食事をいただくに値するほどの正しい振る舞いや、世のため人のために役立つような行いをしているかどうか、自分自身の行いを振り返ります。

実は、テレビを見ていて、以前から気にかかっていることがあります。それは「大食い選手権」のような、食べ物を大量に食べることを競う番組についてです。この手の番組は私が子どもの時からありましたが、当時はまさに「貪《むさぼ》り食う」という印象でした。それに比べると、最近の番組は行儀がよいように感じられます。「いただきます」と手を合わせて食べ始め、おおむね残さず、こぼさずにどんぶり一五杯を食べきった後で、きちんと「ごちそうさま」と手も合わせるのです。

でも、行儀がよい、残さない、こぼさないからいいのかというと、私にはやはり違和感が残ります。それは、食べ物の材料が元々命ある物だったということ、それをただやみくもにたくさん食べた者が「勝者」になるというルール設定に対しての、禅僧としての抵抗です。

言うまでもなく、食べ物は全部生命でできています。肉、魚はもちろん、野菜もすべて元々は生きていたものです。生命に価値の上下はありませんし、ベジタリアンであっても他の生命をいただいていること、その命を奪って、自分の生きる糧にしていることに変わりはありません。その食べた生命に値するだけの生活ができているか、それをもう一度考えようというのがこの偈文の趣旨です。

私の知り合いの老僧が言いました。「食べ物を残すのはよくない。命をもらって食

事を作っているのだから。けれども、食べればいいってもんじゃない。残して残飯にするという無礼があるのと同じように、食べて残飯にするという無礼もあるんだ。どちらも、食べ物を粗末にしていることに変わりはない」

毎日いただくたくさんの生命の存在、それをいただいているにもかかわらず、人生を無目的にダラダラと過ごしてしまうのであれば、それは食べて残飯にしているに過ぎない。「残して残飯にしたのと同じだ」と言うのです。

この前の食事から今の食事までの間に、食べた生命に値する行いや生活ができていただろうか。よく生きるために時間と身体を使えたのだろうか。そしてこの食事を摂り、ここから次の食事までの間に、今食べた命に値するだけの生き方ができるのだろうか。それを食事の度に自分に問いかけるのです。

『華厳経』の一節に「牛は水を飲んで乳を出し、蛇は水を飲んで毒を出す」という言葉があります。同じ水を飲んでも、牛は乳を出し、蛇は毒を出す。「私」は、食べた生命で何を作り出すのでしょうか。

三《みっ》には心《しん》を防《ふせ》ぎ過《とが》を離《はな》るることは、貪《とん》等《とう》を宗《しゅう》とす。

心の過ちを止めるために、貪りの欲などを見極め、修養の心を持っていただきます。

貪《とん》（むさぼり）とは、煩悩の最も基本的なものです。禅は食事を、煩悩をコントロールする絶好の訓練の機会であると考えます。

「貪り」の心は食事の際に端的に表れます。食べたい、もっと食べたい、おなか一杯でもまだ食べたいと、味覚という欲望を満たすためについつい食べ過ぎてしまうことがよくあります。食べ放題のバイキングなどに行けば尚更です。もう一個、もう一口という欲望は、貪りの一番分かりやすい現れ方でもあります。

これを見極め、コントロールする訓練の場だと食事を捉えれば、食べ方は変わります。自分の中に常にある、とくにコントロールしにくい貪りという煩悩。自分の欲望をコントロールできる自分になるための修行の場として食事を捉えていきましょう、というのがこの三つ目の偈文の趣旨です。

四《よつ》には正《まさ》に良薬《りょうやく》を事《こと》とするは、形《ぎょう》枯《こ》を療《りょう》ぜんが為《ため》なり。

私の健康と生命を支えるための「良い薬」として、この食事を受けとめます。

禅では、食事は「良薬」、つまり薬です。自分の身体が枯れ衰えてしまうことを防ぐための薬として食事を位置づけるのです。薬ですから、必要な時に、必要なものを、必要な分だけ摂ります。この考え方から、選り食いや食べ過ぎは出て来ようがありません。薬を飲む時に、美味しい薬だからもう一錠余計に飲もうとはしませんし、美味しくないから減らすこともありません。食事も「摂るべき時に、摂るべきものを、摂るべき分だけ」いただくと考えます。

しかし実際には、食事が薬ではなく毒になっていることが多くあります。偏ること、摂りすぎることで病気になっては、食べた生命に申し訳ないことです。

実は私も、人に偉そうに言えたものではなく、学生時代はとても乱れた食生活を送っていました。修行道場に行く前の体重は九二キロで、明らかな肥満でした。それが一年の修行生活で六五キロまで減りました。もちろん断食などせず、きちんと三食食べていました。修行道場の食事というのは非常によくできていて、美味しいのですが、美味しすぎないのです。化学調味料を使わない、素材の持ち味を生かした淡い味付けの食事は、まさに薬のように身体を癒し、不用意に味覚の欲望を刺激しないものでした。

五《いつ》つには成道《じょうどう》の為《ため》の故《ゆえ》に、今此《いまこ》の食《じき》を受《う》く。

人間として正しく生きるために、今この食事をいただきます。

成道とは、悟りを得るという意味の言葉で、修行僧の目標とするところです。しかし、広くとれば、人間として人格の完成を目指すために、なるべき自分になっていくために、という意味にもなります。日々の食事が、自分の夢や目標を支えてくれていると感謝し、決意を新たにしながら食事に向かうことが、最後の偈文で示されています。

## コラム1　禅から見た釈尊という存在

私は曹洞宗という仏教教団の僧侶ですが、曹洞宗では本尊を「釈迦牟尼仏《しゃかむにぶつ》」と定めています。一般には「お釈迦さま」と呼ばれることの多い、多くの人によく知られた仏さまです。

ここでは、釈迦牟尼仏という存在について整理しておきます。

お釈迦さまは一般に神さま、仏さまの仲間として認知されることが多いのですが、この方、れっきとした実在の人物でした。ちなみに、阿弥陀如来《あみだにょらい》、薬師如来《やくしにょらい》、大日如来《だいにちにょらい》などの如来部の仏さま、また観音菩薩《かんのんぼさつ》、文殊菩薩《もんじゅぼさつ》、普賢菩薩《ふげんぼさつ》、地蔵菩薩《じぞうぼさつ》などの菩薩さまなどは、実在した人物ではありません。

お釈迦さまは今から約二五〇〇年前、インドのヒマラヤ山の麓にあったシャーキャ族の国、シャカ国の王子として生まれました。「シャーキャ族の偉大な人」という意味で、お釈迦さま、または釈尊《しゃくそん》と呼ばれることが多いわけです。本名はゴータマ・シッダールタ。ゴータマが姓、シッダールタが幼名です。後にゴータマ・ブッダと呼ばれるようになりますが、ブッダは「悟った人」を示す一般名詞で、「ゴータマの悟った人」という

意味です。本書ではここから簡潔に「釈尊」と呼びたいと思います。

さて、釈尊が開祖となって始まった仏教は、元々は何を目的に、何の解決を目指して始まったのでしょうか。仏教の原点とは何でしょうか。

すでに見たように、釈尊は、王族の跡取りとして、何不自由ない恵まれた生活と、将来の地位と権力が約束された立場に生まれました。しかしある時、人間は、誰もが避けることのできない四つの根本的な苦しみ、またそこから派生するさらに四つの苦しみがあることに気づきます（これが四苦八苦です。92ページで詳しくお話しします）。どんなに豊かな生活をしていても、誰にも訪れるもの、その代表的なものが老いや病や死です。釈尊は、誰しも忌み嫌う老いや病や死が等しく例外なく訪れるという事実を知って、それまでの贅沢な暮らしに浸かったままではいられませんでした。

どうしたらその苦しみから解放されるのか。釈尊はその解決を出家修行に求め、地位も富も家族も捨て、六年間の苦行生活に入ります。苦行は徹底して行われ、仲間の修行者が死に至ることもあったといいます。断食や不眠、逆さづり、そして息を止める修行など、ありとあらゆる苦行が試されましたが、釈尊が納得できる答えにはたどり着けませんでした。苦行の限界を知った釈尊はその後、スジャータという名の村娘が施してくれた乳粥《ちちがゆ》で身体を癒し、身体を清め、大きな木の下で坐禅瞑想《めいそう》を始めます。そしてついに、「悟り」を得ることになります。

これが、釈尊が悟りを開くまでの一連の伝記的物語です。

## 何を悟ったのか

悟りとはしばしば聞く日本語ですが、漠然として得体の知れないもののように感じられるかもしれません。しかし、仏教が何をどのように考え、実践していくのかをつかもうとする時に、その要になるものこそが悟りの正体です。

釈尊はきわめて端的に、自分の悟りを言葉で表現しました。それが「四諦《したい》」と呼ばれる以下の概念です。

苦《く》諦《たい》　私たちの人生には苦しみが絶えないという真理
集《じっ》諦《たい》　苦しみには原因があるという真理。その原因は煩悩《ぼんのう》である
滅《めっ》諦《たい》　苦しみの原因は滅することができるという真理
道《どう》諦《たい》　苦しみの原因を滅するための方法があるという真理

苦諦は、仏教が生まれた理由とも言うべき根本的な「気づき」であると言えます。

逆に言えば、この気づきの前提に立たなければ、仏教の入口に立つことはできません。

どんなに贅沢な暮らしもいつかは終わりを迎え、どんなに若々しい身体もいつかは老い

ていく。誰しも避けられない苦しみがあるのだという自覚が、仏教を知る最初の一歩です。

そして、苦しみの原因を究明したのが集諦です。貪《とん》（むさぼり）、瞋《じん》（いかり）、癡《ち》（おろかさ）を中心とする煩悩こそが、苦しみの原因だと釈尊は考えました。これは自分の外からやってくるものではなく、自分の中から生み出されてしまう毒のようなものです（80ページ参照）。さらに釈尊は、苦しみはなくすことができるというゴールを設定し（滅諦）、そのための方法として「修行」の方法を示しました（道諦）。

人生の苦悩を病気に喩えるならば、病気であるという診断が苦諦、治すべき箇所の究明が集諦、病気が治った状態を提示するのが滅諦、治療の具体的な方法を示したのが道諦となります。そして、煩悩を滅する修行法を具体的に、次の八正道《はっしょうどう》と呼ばれる実践として示しました。

正見《しょうけん》　正しく見極めること。正しい見解を持つこと。四諦を正しく理解すること

正思《しょうし》惟《ゆい》　正しく考えること。清らかな心で正しい意志を持ち、決意すること

正語《しょうご》　正しい言葉を使うこと、嘘、悪口、むだ口を避け、真実で有益な言葉を用いること

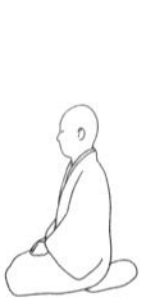

正業《しょうぎょう》　正しい行いを為すこと。殺生、盗み、邪淫などを避け、善行に励むこと
正命《しょうみょう》　正しい生活を送ること。睡眠・食事・仕事・運動・休息などを規則正しく行い、仕事も生活も健全に送ること
正精進《しょうしょうじん》　理想に向かって、コツコツと丁寧に励むこと
正念《しょうねん》　正しい意識を持ち、理想や目的を忘れないこと。散漫にならず、油断しないこと
正定《しょうじょう》　精神を正しく調えること。坐禅を実践すること

その後、仏教にはさまざまな概念や修行方法が派生して生まれていきますが、釈尊が悟ったのち、初めての説法で話した内容がこの四諦八正道だと伝えられています。ですから、この短い項目の中に仏教の基本中の基本があるのです。

仏教は現在、「世界三大宗教」の一つと数えられ、世界中に多くの信者を得るに至っていますが、キリスト教やイスラム教とはそもそものコンセプトが大きく異なります。その大きな違いとは、「絶対的な存在」を前提しないことです。

他の宗教はおおむね「神」もしくはそれに類する絶対的な存在があると信じ、それに対して信仰する形を取ります。しかし仏教の原点は、人間がよりよく生きるための真理

を釈尊が発見し、それを広めたことです。その教えの根幹には「無常」つまり、永遠不変なものがないこと、そして「無我」つまり、永遠不滅なものがないことが置かれます。逆に言えば、すべては変わり続けるし、絶対に変わらない、頼るべき「絶対的なもの」はないと考えます。これが仏教の最大の特徴で、仏教はきわめて論理的な宗教だと言えます。

**対機説法**

釈尊は悟りを開いた後、四五年にわたり、自分が発見した真理を人々に説いて歩きました。その説き方は「対機《たいき》説法《せっぽう》」と呼ばれ、これは、相手に合わせて言い方や内容を自由自在に変えるものでした。

釈尊は自分の考えを書き残すことはしませんでしたが、当時の肉声に近い教えは、その後文字として残されました。「スッタニパータ」「ダンマパダ」などは文庫にも収録されて（『ブッダのことば』岩波文庫、中村元訳、一九五八年。『ブッダの真理のことば・感興のことば』岩波文庫、中村元訳、一九七八年）、今、私たちは日本語でそれに触れることができます。しかし興味深いことに、時と場合によってその言い方や内容がずいぶん違っています。

ある時、「死後の世界」について弟子が質問します。

一人の弟子には「死後の世界なんて言っても、私も行ったことがないのだから、あるかないかなんて分からないよ」と答えています。

また別の弟子には「死後には○○地獄や××地獄というものがあって、悪いことをするとその内容に合わせてとんでもない地獄に行くことになるのだよ」と語っています。

これでは、まるで正反対です。私は初めこの記述を見てずいぶん混乱しました。一体、釈尊の真意はどこにあるのだろうか。しかし、「応病与薬《おうびょうよやく》」という考え方を知ることで、納得することができました。「応病与薬」とは、仏教者が布教する基本的なスタンスで、読んで字のごとく、病気に合わせて薬を与えるという意味です。

薬箱には、教えという薬がたくさん入っています。そして相手の状態（病状）に合わせて必要な薬を与えます。ですから、教えを説く時にはまず初めに、相手がどんな状況なのかをよく観察し、表情や言葉から読み取ることが重要です。これは、医者の問診と一緒です。そして、今、相手にどんな内容の教えが必要なのかを判断し、適切な教えを施すのです。

死後のことが気になって修行に身が入らない人に伝えた「私にだってわからないよ」という言葉は、「死んだ後のことを今思い悩むのではなく、今の修行に集中しなさい」という意味です。また逆に死後の世界がないのであれば、修行などせずに楽しく適当に生きればよいと考える人には、地獄の話をリアルに持ち出して正しく生きることの大切さを伝えました。

　このように、言葉そのものの価値ではなく、相手にどのように作用するかを考えたのが釈尊の対機説法の基本形でした。その目標は一つ、修行をおろそかにしないこと。そのために言葉という手段を自在に使い分けたわけです。これを「方便」と呼びます。「嘘も方便」の「方便」です。

## 釈尊滅後

釈尊は八十歳の時に人間としての生涯を閉じました。

すると弟子たちにある危機感が生まれます。釈尊の大切な教えが散逸して消えてしまうのではないか。なにせ、体系化された教えが書き残されているわけではありません。また、その教えの真意はどこにあるのか、その受け取り方も人によってさまざまです。そこで釈尊の死後すぐに、主だった弟子が集まって会を持ちます。参加資格があったのは悟りを得たと判断された五〇〇人の弟子で、この会を「結集《けつじゅう》」と言います（この弟子たちが、五〇〇羅漢のモデルと伝えられています）。

　結集では、主要幹部が進行や記録を担当し、参加した弟子たちがそれぞれに「如是我《にょぜが》聞《もん》」——かくの如く、われ聞けり——と、自分がどんな場面でどんな教えを聞いたのかを報告し合い、他の参加者が「私も聞いた」「いや、私はこう聞いた」と意見を出し合い、教えをいわば「標準化」する作業を行いました。釈尊の教えの真意、また言葉の意図を正しく共有し、後世に伝えようとしたのです。この結集の内容がのちに経典としてまとめられ、現代まで伝えられる礎《いしずえ》となりました。

その後仏教は、インド周辺だけではなく、国や地域を超えて広がっていきました。そして、地理や気候、民俗や文化の特性に合わせて形を変えながら、リレー式にさまざまな形で伝えられていくことになります。

その中には、初期の仏教教団の戒律や教えをそのままに実践し、守り伝えていくことを重視するグループの他、時代を経て、修行の内容や教えの解釈を発展的に変化させていくグループも生まれました。釈尊の説かれた教えの中でどの部分を重視するのか、また気候や文化、民族性などによる違いなど、時代や風土に適応しながら仏教は形を変化させ、広がっていったのです。喩えるならば、釈尊が開いた仏教は木の幹に当たる部分です。その木が枝葉を広げて大きく成長していくように、時代を経るにしたがってさまざまな宗派が生まれました。とはいえ、元々は同じ木の幹から生まれたものですから、大元の教えまでたどれば、同じ脈絡を保持していることに変わりはありません。インドから中国に渡った仏教はその後日本に伝えられ、鎌倉時代に至って多くの個性的な宗派が生まれることになります。そしてその一つが、禅宗の流れを汲む曹洞宗です。

曹洞宗は今から約八〇〇年前の鎌倉時代、道元禅師によって日本に伝えられました。

道元禅師は公家の出身で、母親の死をきっかけに仏門に入ったと言われています。初めは、当時の仏教総合大学とも言うべき比叡山に上り、修行に励みますが、ここでは納得できる教えに出会うことができませんでした。そこで当時仏教の本場であった宋に留学し、各地を行脚します（27ページ参照）。そして天童山の如浄《にょじょう》禅師と出会い、禅の教えを体得した後に、如浄禅師の弟子として日本に戻ります。そして各地で布教活動をし、やがて永平寺（現在の福井県大本山永平寺）を開きました。

　道元禅師の頃の曹洞宗は、それほど大きな教団ではありませんでしたが、總持寺（現在は大本山總持寺として横浜・鶴見にありますが、当時は能登にありました）を開いた瑩山《けいざん》禅師以降、広く全国に拡大していくことになります。曹洞宗ではこの永平寺、總持寺をともに大本山と定め、道元禅師を高祖、瑩山禅師を太祖として、釈尊と共に信仰の対象としています。

### 仏弟子になるということ

　私自身は十歳の時、実の父親の元で出家し、僧侶の道を歩み始めました。しかし出家と言っても寺生まれ寺育ちですから、家を出て修行生活に入ったわけではありません。それまでと変わらず、生活はお寺の中で続けましたが、僧侶という立場に変わるために、得度《とくど》式を受けました。得度式ではまず髪を剃ります。そして、仏道修行者として守るべ

き十六の戒を受け、僧侶の証であるお袈裟《けさ》を頂戴します。また、戒を受けた証としての名前（僧名、いわゆる戒名）と、仏弟子の証明書である血脈《けちみゃく》を受けます。

ちなみに私の俗名は智《さとし》でしたが、ここに師匠の一字である「全」という字を加えて僧名は「全智《ぜんち》」となりました。その後は、衣を着ている時は僧名「全智」、そうでない時は俗名「智」と使い分けていたのですが、大学を卒業した後は僧侶の立場で生活することがほとんどになりました。今では、戸籍の名前も「全智」に変更しています。

血脈は、一番初めに「釈迦牟尼仏大和尚」と釈尊の名前が記されています。そして次に釈尊の一番弟子の名前が続き、師匠↓弟子の名前が順々に記され、名前と名前が赤い線でつながれています。釈尊を一代目として、二十八代目には「達磨《だるま》和尚」と達磨さまの名前（153ページ参照）、そこから中国の祖師の名前が続き、五十代目が如浄禅師、五十一代目が道元禅師、五十四代目が瑩山禅師、そこからまた代々の弟子の名前が続いて八十四代目が私の師匠、そして八十五番目に私の名前が記されています。私は釈尊から数えて八十五代目の弟子ですが、逆に師匠の、師匠の、そのまた師匠の……と遡っていくと、師匠の脈絡は瑩山禅師や道元禅師、達磨大師や釈尊に直接つながります。

もし私に弟子ができれば、それは釈尊の八十六代目の弟子ですし、葬儀の時に私から戒名を受けた故人方も、また同じく八十六代目の弟子と考えます。たまに「戒名は自分でつける」という方がいますが、戒名は「十六の戒」と「血脈」を正統な師匠から受けて初めて成立すると考えるので、それでは、改名になっても戒名にはなりません。遡っていくと、先輩としての道元禅師や瑩山禅師、また大先輩としての達磨大師や釈尊につながる「仏の流れ」に加わることが、仏弟子になるということなのです。

釈尊は、信仰対象としての「仏」であると同時に、仏道修行の勝《すぐ》れた先輩である「大和尚」でもあります。釈尊が信仰対象としての「拝む釈尊」であること、また先輩の大和尚としての「憧れの釈尊」であることをここまで述べました。

一方で、「成る仏」という考え方もあります。これは曹洞宗の特徴でもあります。なぜ修行をするのか——。端的に言えば、釈尊の教えを学び、称《とな》え、そして釈尊の教えを実践することによって、私自身が「仏になる」。曹洞宗ではこのように修行を考えます。「修証《しゅしょう》不二《ふに》」（116ページ参照）とされる考え方で、「修」は修行、「証」は悟りを意味し、修行の中にこそ悟りの姿が現れます。「修行をして悟りを得る」ではなく、一瞬一瞬の修行をする姿にこそ、悟りが立ち現れてくる。自分自身がその行いによって仏になっていくと考えるのが実践の肝です。

# 6 自分が生み出す、みずからを傷つける三つの毒

最近失敗したこと、また反省しなければと感じたことを一つ挙げてみてください。また、これまでの人生の中で犯してしまった最大の過ちを挙げるとすれば、何を思い出しますか。そして、過ちの原因は何だったと考えるでしょうか。

ここでは不注意で起こしたことや、失念して起こしてしまったことなど、いわゆる「過失」に類する過ちは話題にしません。それは、禅や仏教の「反省する」という行為の本質が拡散してしまう恐れがあるからです。やってはいけないと分かっているのに、それでも犯してしまう過ち、犯してしまった過ちについて考えていきます。

ここ一か月、いや一週間という短い期間を振り返っただけでも、私たちの日常は、まさに過ちの連続です。警察に捕まるほどではないにせよ、大なり小なり過ちを繰り返すのが、人間の生活です。やってはいけないと分かっていてもついやってしまう。やらなくてはならないことを怠けてしまう、また言ってはいけないと分かっていてもつい言ってしまう。こうして後悔することも度々です。そして何度反省を繰り返してもまた同じ過ちを繰り返してしまう。これも、実際には多いのではないでしょうか。しかしそもそも、私たちにとって「反省する」とは何を意味するのでしょう。反省する目的は、またそれによって得られる結果は何でしょうか。

この問いに答えて、「迷惑をかけた人に許してもらう」と言った人がいました。でも、このように考えるならば、許してもらえた反省は成功で、許してもらえなかった反省は失敗になるのでしょうか。

## 連鎖の消滅

禅の世界に「懺悔滅罪」という言葉があります。

懺悔は、キリスト教でも同じ文字を用いますが、禅では「ざんげ」ではなく、「さんげ」と濁らずに発音します。そして「懺悔滅罪」とは、「心から懺悔すれば、罪が

滅する」ことを表しています。

しかし懺悔しさえすれば、つまり反省して罪が滅するならば、現在の法制度が成り立たなくなってしまうと思うかもしれません。実際にある新聞記者から、司法制度、とくに死刑制度や裁判員制度と禅の懺悔滅罪とを関連づけて、「心から反省し、謝罪すれば罪は許され、刑罰は与えない、必要ないと考えるのが禅の教えなのでしょうか」と質問されたことがありました。なるほど、「懺悔すれば滅罪する」「謝りさえすればすべてが許される」と考えるならば、「重大な罪を犯した人の罪が、本人の気持ち次第でそんなに簡単に許されてたまるものか」と感じる方も少なくないと思います。

まず論点を整理するために、「謝罪すること」と「反省（禅でいう「懺悔」）すること」を分けて考えてみます。

謝罪は相手との関係性において必要な行為で、相手があって初めて成り立つ行為です。別の言い方をすれば、迷惑をかけた実際の相手、あるいは神さまなどの象徴的、超越的な存在と向き合い、それに赦《ゆる》しを乞う形で初めて成立します。

一方で禅の懺悔は、誰かに赦しを乞うという行為ではありません。自分自身が犯した罪と、その原因となるものに真摯に向き合った時に、同じような過ちを繰り返さなくなるという「連鎖の消滅」を重視します。反省することで、同じ類いの過ちを繰り返さなくなることが懺悔の目標であり、目的です。そうは言っても、私たちは同じような過ちを何度も繰り返します。過ちの連鎖を止め、真に懺悔するには、過ちが起こる原因のメカニズムを丁寧に分析して考えていく必要があります。

## 過ちの原因は行為の前にある

私たちの身の周りに起こっていること、また自分自身が起こしていることは、「原因と結果」の関係でいえば結果に当たります。しかし、同じ原因によって同じ結果が起こるとは限りません。

「因果」は原因に対して結果が応じることを表していますが、仏教では原因と結果の間には「縁」という存在があり、これも結果に影響を与えることがあると考えます。

定義をもう少しはっきりさせましょう。

「因」は自分自身の行いです。

「果」はそれがもたらす結果です。

そして因以外、つまり自分の行い以外に結果に作用する要因が「縁」です。

花に喩えれば、「因」は種を蒔《ま》くことです。そして「果」は、花が咲くという現象です。でも、種を蒔いたからといっていつでも同じように花が咲くわけではありません。成長のために注がれる水や肥料、太陽の光、そして育てる人の手間など、さまざまな要素が加わることによって、ようやく結果として花が咲きます。この種と花の間にあるものが「縁」というわけです。

私たちの生活もこれと同じです。よい行いをしたからといって、いつでもよい結果が出るとは限りません。悪い行いをしたとしても、いつも同じように悪い結果が出るわけでもありません。行為と結果は直結しない、こういうケースは少なくないはずです。

そしてこれが、反省（懺悔）を曇らせる原因になります。何かの結果が出た時に「たまたま運が悪かったから」「あの時○○が助けてくれなかったから」と、自分以外に由来する原因を見つけ出してしまった経験はありませんか？　このように結果に対する反省は、真摯で誠実なものではなくなる可能性をつねに含んでいます。

**対症療法としての反省**

ここで少し話題を変えて、別の視点からもう少し掘り下げます。

僧侶という職業柄、私は自殺の問題に関わる機会が少なからずあります。ご供養を通じて、自死遺族とお話しする機会だけでなく、死んでしまいたいと思い悩む方への支援活動も仲間の僧侶と一緒に続けています。

救急医療と自殺対策に関するシンポジウムに参加した時のことです。ここでは自殺未遂で救急搬送された患者さんが再び自殺を繰り返してしまう問題が指摘されていました。

たとえば、薬物の大量摂取が原因で意識不明となり、病院に運ばれてきた人がいたとします。その患者さんに解毒措置を取り、無事に回復し退院したとしても、自殺の根本的な原因（就職問題や経済問題、対人関係など）が解決しているわけではないので、その人は再び自殺を繰り返してしまうことが多いといいます。

「元気になってよかったね。せっかく助かった命なのだからもう無駄にしてはいけないよ」とただ社会復帰を促すだけでは何も解決しない。自殺を本当に防ぐには、何が自殺の原因になったのか、その問題の根源を深く掘り下げて一緒に考え、解決を目指していけるようにサポートすることが大切なのだと学びました。

「反省する」という行為もまた、同じようなプロセスを取りがちだと私は思います。過ちを犯し、それによって悪い結果が起こった時に私たちは反省します。しかし、これは起こった結果に対しての対症療法としての反省でしかありません。これでは物事を根本的に解決することにはならない。大切なのは結果に対する反応よりも、過ちを

犯す本当の原因を正しく見極め、コントロールすることです。禅が目指す「反省」、そして懺悔滅罪の「懺悔」の本質はここにあります。

## 行い、言葉、思いをコントロールする

禅の世界には、「懺悔文」というお唱えがあります。修行道場では毎月十五日と月末には布薩《ふさつ》という、いわば日常生活を反省する法要を行い、この懺悔文を皆でお唱えします。何かが起こったからするのではなく、定期的に、同じ内容で行うというのがポイントです。

我《が》昔《しゃく》所《しょ》造《ぞう》諸《しょ》悪《あく》業《ごう》
皆《かい》由《ゆう》無《む》始《し》貪《とん》瞋《じん》癡《ち》
従《じゅう》身《しん》口《く》意《い》之《し》所《しょ》生《しょう》
一《いっ》切《さい》我《が》今《こん》皆《かい》懺《さん》悔《げ》

私がこれまで積み重ねてきたさまざまな悪い行いは、どれも遡れないほど昔から続けてきた貪りの欲望、怒りの感情、そして愚かな心を原因に、身体での行い、口から発する言葉、心の思いから生まれたものです。私は今ここに、そのすべてを懺悔いたします。

「どうして過ちを繰り返してしまうのか」という問いに、ある人が「自制心が弱いから」と答えました。これは的を射た答えでしょう。しかしここで考えを一歩進めましょう。自制するとは具体的にどういうことなのか。何を、どのように自制するのか。この唱えごとには、「自制する」という「自」の正体と「制」の存在との関係がきわめて明確に、そして端的に示されています。

禅では、自分の存在は、自分が為した行いそのものであると考えます。詳しくは後の章で触れますが、今の自分の行為を離れた本当の自分などどこにもなく、今の自分の今の行いこそが、自分の存在そのものであると考えるのです。

そして行いとは「身」「口」「意」の三つに集約されます。つまり「自」の正体とは、今の私の「行い」「言葉」「思い」そのものです。

また、私たちが「身」「口」「意」で過ちを犯してしまう根本的な原因は「煩悩」にあると考えます。そして人間の根本的な煩悩とは、貪《とん》（むさぼり）、瞋《じん》（いかり）、癡《ち》（おろかさ）の三つです。

「貪」とは、他人を押しのけてでも、自分だけが得をすればいいと考えてしまう心。金品をはじめ、時間や空間、他人からの評価など、自分が心地よいと感じる

ことを一人占めしようというあさましい心の働き

「瞋」とは、自分の欲望が思い通りに叶わないことに感情的になり、他人や自分を激しく攻撃する感情。うまく物事が進まなかった時に、それを冷静に受けとめることをせずに、怒りに身を任せてしまうこと

「癡」とは、物事の道理を自分の都合のいいようにねじ曲げて解釈する心。やってはいけないこと、逆にやらなければならないことをあれこれと言い訳し、口実をつけて本来の道理とは違った行動をすることを自分勝手に認めてしまう心の働き

この三つの煩悩は、数ある煩悩の中でも最も根源的なものと考えられ、「三毒」と呼ばれます。私たちは、自分の「行い」「言葉」「思い」（心と存在）を傷つける「毒」を、自分自身が日々作り続けている。禅の人間観と言うべきものがここにあります。私たち人間は元々が悪いものであり、修行によってよいものに変わっていかねばならない存在ではなく、日々自分を悩ませてしまうような毒をみずから作りだしてしまう存在だとするのです。

この煩悩は、どんなに修行をしても、また立派な修行者であっても、生きている限りなくなることはありません。釈尊でさえ、「私だって、生きている限り煩悩はなく

せないよ」とはっきり仰っています。しかし完全になくすことはできなくても、見極め、少しずつでも自制、コントロールしていくことは可能です。

そして煩悩をコントロールすることが対症療法としての反省を脱する近道です。自分に言い訳したり、自分を正当化する反省を脱け出し、禅が目指す反省の姿（懺悔）につながる道となります。つまり、「自制する」の「制」は、「行い」「言葉」「思い」を傷つける三つの煩悩のコントロールに尽きます。

自制すること、つまり懺悔は、自分が抱える欲望や弱さに向き合うことでもあります。そして、問題の所在を自分自身に帰着させる、厳しい行為でもあります。誰しも、心の奥底から滲《にじ》み出す煩悩という毒を抱えながら生きていかなければならないという現実。しかし私たちの前には、同じ人間として煩悩を持ち続けながらも生涯を正しく生きた釈尊という存在がある。その事実に励まされながら、私たち禅僧の懺悔は続けられます。過ちの原因を正しく理解する。そして少しでもコントロールしていこうと意識し、努力する。自己を省みるための論理と実践を、禅は大切にします。

最初の問いに戻りましょう。あなたが最近失敗したこと、また反省しなければと感じたことは何でしょうか。またその過ちの原因は何だと考えますか。そして、何をどのように反省すれば同じ種類の過ちを繰り返さなくなるのでしょうか。

水の流れに喩えれば、結果は最下流です。行為が中流、煩悩が最上流です。

蛇口につないだホースの水は、蛇口の先をつまむだけでは止まりません。水を止めるためには蛇口の元栓を閉めなければなりません。同じように、反省は結果に対してするものではありません。原因に対してでなければ、繰り返しの連鎖は決して止まらないのです。

「自」すなわち、「(何かを)行い」「言葉(で考え、話し)」「思い(を抱く)」という行為を、三つの煩悩、貪(むさぼり)、瞋(いかり)、癡(おろかさ)に蝕《むしば》まれないように、「制」しているかを点検すること。それが「反省する」ことなのです。

# 7 話す言葉がシンプルになるとき

## 非難と反省

ある禅僧にまつわる、こんな逸話があります。

明治時代の日本での出来事です。各地を旅しながら修行を続ける二人の禅僧がいました。一緒に行脚していた二人は、途中でとある川に行き当たりました。

川はそれほど深くはなく、また川幅もさほど広くはなかったのですが、近くに橋がありません。二人は「向こう岸に行くには川を歩いて渡るしかないな」と話していました。男性二人ですから、衣をたくし上げて川を渡るのはそれほど難儀なことではありません。

ですが、ふとあたりを見渡すと、着物を着た年頃の女性が、川を渡ることができずに途方に暮れているのが目に入りました。さすがに彼女は、着物をまくって川を渡るというわけにはいかなかったのでしょう。このままでは日が暮れてしまいます。すると、禅僧の一人が女性に近づき、「向こう岸へ渡りたいのですか？　それなら、私が連れて行ってあげましょう」と声をかけ、娘を抱きあげて川に入っていきました。衣を身に纏った僧侶が、年頃の娘を抱いて川を渡っていく。その後ろをもう一人の禅僧がついていくという、ちょっと不思議な、いや、かなり異様な風景が頭に浮かびます。

しばらくして、一行は無事に向こう岸に着きました。

禅僧は娘をひょいと降ろすと、顔を赤らめながら恥ずかしそうにお礼を言う娘を振り返りもせずに、再び道を歩き出しました。何事もなかったかのように歩き続ける禅僧をもう一人の禅僧は不機嫌そうな表情で追いかけていましたが、半里ほど進んだところでついに我慢ができなくなり、ものすごい剣幕で捲《まく》し立てました。

「お前はなんてけしからんやつだ！　仏道修行に身を置く、衣を纏った僧侶の身でありながら、あんな若い娘を抱きかかえるなんて！　ふしだらにもほどがある」

それを聞いた禅僧は、とぼけた口調であたりを見回しながらこう言いました。

「なに、娘？　娘など一体どこにいるのだ？」

するると、相手の修行僧は血相を変えて問い詰めます。

「とぼけるな！　さっき川を渡る時に娘を抱いていたではないか！　お前がとぼけても、私はしっかり覚えているぞ」

するとそれを聞いた禅僧はこう答えました。

「はっはっは、あの娘のことか。私は川を渡ったところでとっくに娘を降ろしてきたが、お前はあれからずーっと、娘を抱いていたのか。お前はいつまでその娘を抱いているつもりなのだ？」

## 非難する心と思い上がりの心

娘を抱きかかえて川向こうまで渡った禅僧の心の動きは、正直よく分かりません。私が追い付けないほど達観した禅僧だったのかもしれません。それに対して、非難した僧侶の心の動きは分かりすぎるくらいで、私は説話を初めて読んだ時、とても恥ずかしい気持ちになりました。

若い娘を目にした時、躊躇《ためらい》なく抱きかかえて川を渡る僧侶を見る時、また川岸で娘を降ろして、何事もなかったかのように歩き始めた僧侶を目の当たりにした時、それぞれに欲望や誘惑、羨みや嫉妬、自分基準の正義感、軽蔑、自惚《うぬぼ》れ、嫌悪、恐怖、怒り……、おそらく自分を飲み込むほどの得体の知れない感情があったのだろうと想像できます。我慢できなくなり言葉を荒らげるまでの過程が、実に人間らしいものですが、その感情の動きはどうにも上品とは言えません。

しかし私たちも、普段の何気ない会話やおしゃべりの中でつい誰かを非難したり批評したりしてしまいます。内容は身近な人の性格や行動から、政治家や芸能人が起こしたスキャンダルまでさまざまで、人を非難する話は盛り上がります。そもそも、自分は自分、他人は他人と思いながら、私たちはどうして他人を非難してしまうのでしょうか。

前章では、禅の目指す反省のあり方を、自己の煩悩との関わりから考えました。もう一つ、他人との関わりの中で考える視点があります。それを、他人を非難してしまう衝動と付き合う方法として、一風変わった禅僧の話とともに考えてみたいと思います。

たとえば、身近な同僚がトントン拍子で出世していく姿を見て、「あいつはお調子者で上に取り入るのがうまいから」と、自分より高学歴な後輩を「勉強ばっかりできたって、仕事じゃ全然ダメ」と、思いがけず大成功した人を「実力じゃなくて運だけ

で成功したんだろ」と、非難しながら自分を納得させようとする心の動きは、誰にとっても身に覚えがあるものだと思います。

こういう心理に陥りそうになった時、もしかしたら、欲望や嫉妬、また自惚れや独善的な傲慢さという悪い感情に影響されているのではないかと、少し立ち止まって自分の感情を見直すことができれば、悪い感情に飲み込まれずに済みます。

禅僧が守るべき十六の戒の中に「不自讃毀他戒《ふじさんきたかい》」があります。これは、自分を誇り讃《たた》え、他人を謗《そし》ることをしてはならないということ。要は自慢話をし、他人を非難することを戒めるということですが、その理由は「増上慢《ぞうじょうまん》（自分を過信して思い上がること）にならない」ためです。禅では、他人を非難することは思い上がりの心を生む、もしくは思い上がりの心の表れだと考え、これを慎むのです。

そもそも他人をとやかく言っている時には、自分のことは棚上げになっている場合がほとんどです。人の悪いところを見たら、その人を非難するのではなく自分はどうなのかと反省すること、人のよいところを見たら、自分は同じようにできているかと点検すること、「他人事」ではなく「自分事」にしていこうと考えるのが、禅の目指す反省のもう一つの姿です。

他人の行いを非難することは簡単です。それは自分の優越感を増長させ、そうすることで自分を肯定できる場合もあるでしょう。しかし一方で、みずからの傲慢さや潜在的な欲望を露《あら》わにするという行為でもあります。他人の悪口を言っている時の顔は、大抵の場合、下品になるものです。

　たとえ多くの人に非難されるような過ちを犯してしまった人を目にしても、その愚かな行為の原因となっているのは、誰しもの心に滲み出す貪（むさぼり）、瞋（いかり）、癡（おろかさ）という煩悩なのだと気がつけば、他人の過ちは自分に慎みを与え、謙虚に反省する機会を与えてくれます。

　他人のことは言わないと決めれば、話す言葉はきわめてシンプルになります。禅では、反省は他人に求めるものではなく、自分に向かいます。

# 8 釈尊はなぜ出家したのか

## 人生の四苦八苦

シャカ国の王子であった釈尊は、ある時、その地位と財産をすべて捨て、出家し僧侶の道を選びました。そのきっかけとなった出来事として伝えられる「四門出遊《しもんしゅつゆう》」という伝説があります。

少年時代の釈尊は、元気にはしゃぎ回るというよりは、静かにもの思いに耽《ふけ》るような子どもだったといいます。ある日、小さな虫が小鳥に食べられる様子を見た釈尊は、いとも簡単に虫の命が消えてしまったことがショックで部屋に引きこもってしまいました。そんな様子を心配した王様は、気持ちが晴れるよう、王子と家来を連れ散歩に出かけることにしました。
お城の東の門から出かけた一行がしばらく行くと、よぼよぼに年老いた老人に出くわしました。頭は真っ白で、歯は抜け落ち、しわだらけの顔で杖をつき、とてもつらそうに歩いています。宮殿には若くて元気な人しかいなかったのでしょう。王子は「あれは一体何者なのだ？」と家来に尋ねました。家来は「あれは老人です。年をとったのであのような姿をしています」と答えます。王子が「私も、いつかはあのようになってしまうのか？」と聞くと、「人間は誰でも、生きている限り年をとります。王子も例外ではありません」と家来は静かに答えました。王子はいたたまれなくなり、急いでお城に引き返しました。

ある日、王子は再び城外に散歩に出かけることにしました。今度は東を避け、南の門から外に出ましたが、しばらく進むと一人の病人と出会いました。

病人は痩《や》せ衰え、目は黒く落ち込んでいます。苦しそうに臥《ふ》せっている姿を見て王子は「あれは一体何者なのだ？」と家来に尋ねました。家来は「あれは病人です。病気になると長く苦しみや痛みに耐えなければなりません」と答えます。王子が「私もいつかは病気にかかってしまうのか？」と聞くと、家来は「人間は誰でも、生きている限り病気にかかります。王子もいつかは病に苦しまなければならない日が来るでしょう」と答えました。王子は大きなショックを受け、またすぐにお城に引き返しました。

別の日、王子は今度は西の門から出かけることにしました。

すると今度は葬儀の列に出くわしました。長い葬列の中、死者の周りでは多くの家族が泣いています。王子は「あれは一体何なのだ？」と尋ねました。家来からは「あれは死人です。人間は来るべき時が来ると誰もが死を迎え、愛する家族とも別れなければならないのです」と返事が返ってきました。王子は「私もいつか死ぬのか？」と尋ねました。家来は「人間は、どんなに偉い人やお金持ちでも、必ず死ななければならないのです」と静かに答えました。王子は怖くなり、急いでお城に引き返しました。

ある時王子は、再び城外に出かけることになりました。

最後に残った北の門から出た王子は、凛々《りり》しい僧侶に出会います。自分がいつか、老いること、病気になること、死ぬことに怯《おび》えていた王子は、その凛とした姿に感動し尋ねました。「あなたはどうしてそんなに落ち着いておられるのですか？」

僧侶は「私は人生の迷いを克服するために修行をしています」と答えました。王子はその姿に感銘を受け、出家する決意を固めました。

## 四苦八苦

私たちが生きていく中で、いくら努力をしても思い通りにならないことがあります。その一つは、老いること。エステに通ったり、運動をしたりとなるべく若く見えるように努力することはできますが、老いが止まることはありません。生まれたばかりの赤ん坊でも、毎日確実に年をとっていきます。生まれてから死ぬまでの間、私たちは年をとりっ放しの人生を歩みます。

次に病気になること。これほど医療が発達しても病気がなくなることはありません。今は治療が困難な病気にも、将来は治す方法が見つかるのかもしれません。しかしある特効薬が開発されても、次々と新しい病気が出てきます。人間が病気にかからない社会が来るのかといえば、それはないように思えます。

そして、死ぬこと。

二五〇〇年前の釈尊は八十歳まで生きられました。今、日本の平均寿命は八十歳から八十五歳、一番長く生きた人でも一三〇歳には届きません。これまで生れ出た数千億を超える人間は皆例外なく死を迎え、死亡率は一〇〇パーセント。過去の権力者が必死になって探し求めた不老不死の薬は、いまだどこからも見つかってはいないのです。

さらに、人生のスタートである生まれてくることも、思い通りにできた人はいません。性別や両親、国や時代など、「男がいいから男で生まれよう」「この両親の組み合わせがよい」「この時代の、この国に生まれたい」と選んで生まれた人は一人もいないのです。

人生における重要な事柄は、実は、何一つ思い通りにはならないのです。

この思い通りにならない「生・老・病・死」の四つの事柄を、釈尊は「四苦」と名付けました。「四苦八苦」という言葉の由来はここにあります。ただし、ここでいう「苦」とは、「苦しい」という意味ではなく、「ままならない（思い通りにならない）」という意味です。もちろん、思い通りにならないことを思い通りにしようと思えば苦しいわけですから、「ままならない」ことと「苦しい」ことは結果的にはつながります。

そして仏教の教えの根本は、四苦を、思い通りにならないものと認識するところから始まります。

四苦八苦は、この四苦にさらに四つの項目を加えて数えます。

怨《おん》憎《ぞう》会《え》苦《く》

愛《あい》別《べつ》離《り》苦《く》

求《ぐ》不《ふ》得《とっ》苦《く》
五《ご》陰《うん》盛《じょう》苦《く》

五番目の「怨憎会苦」は、嫌いな人とも会わなければならないこと。クラス替えで嫌な人と離れてほっとしても、もっと嫌な人と一緒になってしまった、職場の人事異動で嫌いな同僚と離れても、残った同僚とうまくいかなくなってしまったなど、思い当たることはあるはずです。一人山奥にこもって仙人のような生活をするのでなければ、嫌な人と会うことから逃れられません。

六番目は「愛別離苦」。愛する人と別れなければならないことをいいます。人は誰しも、どんなに愛する人とも生き別れ、死に別れなければなりません。出会いの数だけ確実に別れがあります。

七番目の「求不得苦」は、欲しい欲しいと思っても手に入らないことです。いくらお金や権力を持っていたとしても、手に入らないものはあります。

八番目は「五陰盛苦」。自分自身の心と体でさえ、結局のところ自分の思い通りにはならないことを表しています。

この四苦八苦を仏教では、誰にでも必ず訪れる、逃れようがないものと考えます。

逆に言えば、このいずれかが「思い通りになる」というのは、私に言わせればニセの宗教です。「この壺《つぼ》を買えば病気が治る」と、高額な商品を売りつける宗教がありますが、仏教では、どんなに修行をしても、どんなに信心を深めても、この「四苦八苦」がなくなることはありません。

## 変わらない現実を前にして

人間は、生まれながらにして平等だと言います。しかし実際には、不平等この上ないと感じることも多いのではないでしょうか。生まれた家が裕福か貧乏かで人生のスタートラインは大きく変わります。私の子どもの頃を思い出しても、家庭の経済状況で明らかに持ち物が違っていましたし、成績が優秀でも、家計を助けるために大学進学を諦めた同級生がいました。社会福祉が充実していると言われる今でも、経済格差が子どもの学歴格差を生み、貧しさの連鎖が止まらないという話はよく話題になります。

経済面だけではなく、容姿など本人の努力ではどうしようもない個人差もあります。身長の高低、顔立ちや髪の量など、「自分もあんな顔に生まれたかった」と、他人を羨ましく思ったことがない人はいないのではないでしょうか。また運、不運もあります。どれほど努力をしても報われない人もいれば、運に恵まれてトントン拍子に成功していく人もいます。人生の最期に立ち会う機会の多い僧侶の立場からすると、楽しさや苦しさは誰にとっても平等などではないと、実感します。

ある仏教学の先生が「仏教の平等は、プラスの平等ではなくてマイナスの平等だ」と話していました。たしかに、「人間は平等だ」と言った時に、そうは言っても私よりもお金があり、能力があり、運がいい人はたくさんいると考えるかもしれません。しかし一方で、どんなに財産を持っていても、どんなに能力や権力を持っていたとしても、人間は必ずすべてを置いて死んでいかなければなりません。誰にも必ず訪れる「死」という現実の前では、すべての人が平等でないはずがないのです。

では変わらない現実があるのなら、それでも信仰する意味、修行をする意味とはどこにあるのでしょうか。ここで結論だけを言えば「ままならないこと」と「苦しい」のつながりを断ち切ることが、禅の修行の大きな目的です。

# 9 「心頭滅却すれば火もまた涼し」は本当か

前章では、生老病死など、人間にはいくら努力をしても思い通りにならない八つのことがあり、そして禅の修行の目的は、「ままならないこと」と「苦しいこと」のつながりを断ち切ることなのだと結論だけを伝えました。

では、どうすれば「ままならないこと」を苦しみにせずに済むのでしょうか。ここでは、仏教や禅における、「ままならないこととの付き合い方」をテーマにしていきます。

ところで、あなたは禅の修行にどんな印象を持ちますか。そして、修行をすると何がどう変わると思っているでしょうか。

私が大本山永平寺での修行に出かける時、檀家《だんか》さん方は、「修行して、立派なお坊さんになって帰ってくるんだぞ」と送り出してくださいました。私はその言葉を胸に、一年間の修行を務めて帰ってきました。その修行の前後で何がどう変わったのかといえば、実は、とても変わったとも、何も変わっていないとも言えるのです。この境目に「ままならないこととの付き合い方」のヒントがあります。

## 第一の矢で止めることができるか

ある時、弟子が釈尊にこんな質問をしました。

お釈迦さま、熱心に修行に励む人と、そうでない人は何がどう変わってくるのでしょうか。

その質問に、釈尊はこう答えました。

たとえいくら修行したとしても、暑さ寒さや痛みやかゆみ、空腹などの感覚がな

くなることはない。修行をしようがしまいが、老いも病も死も避けることはできない。また、喜怒哀楽の感情も、生きている限りなくすことはできない。喩えるなら、戦の真っ只中で弓矢の矢が当たるようなもので、これを避けることはできはしない。だが、修行していない者は、その矢が当たったことを憂いて怒りを増したり、不安を増したりしてしまう。それは第一の矢が次の矢を呼んで、第二の矢、第三の矢が次々と当たるようなものだ。仏道修行に励む者は、第一の矢が当たったところで止まる。第二の矢、第三の矢が当たることがない。それが違いなのだよ。

四苦八苦にあるように、私たちは誰しも、自分の老いを止めることはできません。それなのに、老いを嫌い、老いを止めようと一所懸命になります。髪が薄くなったと言っては憂い、しわが一本増えたと言ってはそれを嫌います。そしてサプリメントを摂ったり、美容液を使ったりとケアに夢中になります。しかし、時間を巻き返せるわけはなく、そのペースを少しだけ遅らせることはできても、老いの進行を止めたり、若返ったりはできません。結果、がんばっても止まらない老いを憂い、苦しむことになります。

しかし、老いに対しては「止めたいもの、抵抗したいもの」という捉え方とは別に、「人は誰しも老いるんだ」という向き合い方があります。どんなにがんばっても老いを止めることはできないのだと、ある意味「諦める」ことによって、老いとの向き合い方は変わります。どうしたら老いずにいられるかを考えるのではなく、どう老いていくのかに視点が変わります。

この、避けられないのだという「諦め」が、物事の受けとめ方を劇的に変化させます。たとえば死ぬということ。死にたくない、死にたくないと考えながら生きていくことは、私たちを苦しめます。いくらがんばっても、死なずに済む人はいません。それなのに、一年でも二年でも、一分でも一秒でも長く生きたいと思えば、死というままならないこととの付き合いは苦しみ以外の何物でもありません。

葬儀に立ち会う時、遺族が「せめて孫娘の結婚式までは、とがんばったのですが、叶いませんでした」と悔やむ言葉を口にすることがあります。心情的には理解できますが、これを冷静に受けとめるならば、多くの場合、この目標は当面の最大値に過ぎません。孫の結婚式を見られたからといって、本当に満足して死んでいけるかといえば、それは別の問題です。次はひ孫の顔を見るまで、ランドセル姿を見るまでと、ゴールは先に先にと動き続けます。そしていつまでも生き続けたいという姿勢で死と向き合うことは、結果的に私たちに悔やみと苦しみを与え続けるのです。

私もいずれは必ず死ぬのだと心底腹落ちして諦める。これは簡単ではありませんが、「どうすれば死を先延ばしできるか」ではなく「残された時間をどう生きるか」に視点が変わった時、死に向かう生の価値は変わります。

愛する人とも、いつかは必ず別れなければなりません。一日でも長く一緒にいたいと思う気持ちを捨てることはできませんが、それでも、いつかは必ず別れるのだと腹落ちできたら、「どうしたらいつまでも一緒にいることができるか」から「限られた時間を無駄にしていないだろうか、きちんと誠実に丁寧に付き合うことができているだろうか」と視点が変わります。嫌いな人とも会わなければならない。これも変えることはできません。でも、「どうせ離れられないのなら……」と視点を変えることはできます。事実は変えられなくても、「受けとめ方が変わる」ことで、世界の見え方は大きく変わるのです。

### 出口のない迷路の中で

「心頭滅却すれば火もまた涼し」という言葉があります。織田信長に攻められた禅僧が、火を放たれた境内で言い残した言葉と伝えられています。

私がこの言葉を初めて聞いたのは中学生の時ですが、その意味を「修行して精神を鍛えた禅僧は、たとえ火の中にあっても熱さを感じることはないのだ」と教えられました。本当にそんなことがあるのだろうかと信じられなかったのですが、ずいぶん経った頃、先輩の僧侶が「あれは、火の中にあっても熱さを感じないというのではなく、逃げ回ることをせず、じたばたせずに、熱いなあ！　と熱さと一体になった心境を言ったものだよ」と教えてくれました。私の目に、炎に包まれながら「熱いなあ」と坐禅をする禅僧の姿が浮かびました。その姿は清々しく、潔いものだったのではないか。この時、私は、禅の修行が目指すものがよく分かった気がしました。

私が修行した道場は福井の山奥にあり、盆地ですから夏は暑く、冬は寒い場所でした。坐禅の時間は、手を組み足を組んでじっと黙って坐ります。暑い日も、寒い日も、ただひたすらに坐り続けます。

坐禅の時間だけではありません。日に三度の読経のお勤めも、じっと正座をして勤めます。私が参拝者の案内係を担当した時、こんな修行僧の様子を見た参拝者が、私に質問しました。「やはり、長く修行を積まれた和尚さま方は立派ですね。こんなに暑い時でも涼しそうな顔をしてじっと坐っていらっしゃる。修行をして精神が統一できるようになると、暑さや寒さも感じなくなるぐらい精神が強くなられるのですね」

私はこれを聞いておかしくなり、正直にこう話しました。「いくら修行をしても、暑さ寒さを感じなくなることはありませんよ」

すると、驚いた様子で「そうなんですか！　ではどうしてあんな涼しそうな顔をして坐っていられるのですか？」と聞いてきます。

私はこう答えました。「私たちは手を組み、正座をしてお勤めします。また坐禅堂では手足を組んで坐禅をしています。たとえ暑くても寒くても、ただじっと坐っているしかありません。エアコンも扇風機もありませんし、文字通り手も足も出ない姿勢です。歩き回って涼を取ったり、手であおぐわけにもいきません。だから暑い時は「暑いなぁ」と暑いっ放しで坐っているしかないのです。寒い時は寒いっ放し、お腹がすいた時にはすきっ放し。すると、それはそれで清々しい気分にもなるのですよ。暑いこと、寒いこと、お腹がすいたことには変わりありませんがね」

禅には「明らめる」という言葉があります。諦めると同じく「あきらめる」と読むのですが、これは物事の道理を正しく明らかに受けとめるといった意味の言葉で、つまりは「悟る」ということです。

一般に、「諦める」ことにはマイナスのイメージがあります。諦めずに何とか解決することに価値があると考えます。普段の生活はこの対応で間に合うのですが、四苦八苦に代表される人生の一大事は、実は解決不可能な事柄です。ここで「解決すること」を目標にしてしまうと、出口のない迷路でいつまでもさまようことになります。出口のない迷路で出口を探すほど苦しいことはありません。

それならば、出口を探して出るという目標自体を変えてしまおうというのが禅の発想です。この迷路の中で、自分らしく人生を全《まっと》うしようと考えるのです。

すると、迷路の中の楽しみ方が劇的に変わります。片隅に咲く花や、すれ違う人々、また歩く自分自身の姿が、全く別物に見えてきます。迷路は別世界として生まれ変わるのです。

「ままならない」ことをきちんと「諦める」ことが、正しく「明らめる」第一歩。でもこれは理屈では分かっても、心底腹落ちするのは難しいことです。そもそも納得できたとしたら、それが「悟った」ということですし、そのために修行があるのですから、そう簡単なものでもないでしょう。でも、丁寧に考え、理解しておくことは可能です。「どうやら今までゴールと思っていたところに、ゴールはないらしい」と気づくことだけでも価値はあります。諦める（明らめる）ことがすぐにはできなくとも、知っておくことで気持ちが軽くなるのであれば、とりあえずはそれで十分です。

# 10 よい子のマネをした悪い子の話

## 「まねぶ」と「学ぶ」

先に、自分をボウルのように捉えて、その中に水が入ってこないようにと考えるのではなく、ザルのように、入ってきた水を中に溜めないことが大切だとお伝えしました（20ページ）。

ここで、もう一つ、ザルについて問題を出しましょう。

今、一つのザルがあって、目の前の小川にはきれいな水が流れています。このザルを川の水で満たすにはどうすればよいでしょうか？

あなたが持っているのはザルだけ。他の器やザルを目張りするような道具は持ってはいません。この状況でザルに水を満たす方法を考えてください。答えは、最後にお伝えします。

ところで、私たちは人生のさまざまなポイントで「本当の姿」という言葉を口にします。では、この場合、「本当の」という言葉を、一体どういう意味で使っているのでしょうか。

「本当の」「本物の」という言葉の対義語は「仮の」や「偽物」「模造品」などでしょう。「本当の姿」と「仮の姿」、「本物」と「偽物」、このように対にして捉えることは日常に溢れていますが、では、私の、もしくはあなたにとって「本当の自分」とは、一体いつの、どんな状態なのでしょうか。また「本当の自分ではない」とは、どのようなことなのでしょうか。

## 悪い子がよい子のマネをしたら

私が生まれ育った山形のお寺では、不登校や引きこもり、また非行が原因で学校から停学処分を受けた子どもたちが住職夫妻と一緒に生活しています。私は普段、東京の研究所に勤めているので、ほとんど山形にはいないのですが、それでも年末年始やお盆の時期などの限られた時間に、彼らと数日をともに過ごすことがありました。

これは、そこで出会ったある女の子のお話です。名前を、仮にAちゃんとしておきます。

Aちゃんは通っていた高校で問題を起こし、無期停学になってお寺にやって来ました。眉を剃り、脱色を繰り返したパサパサの茶髪で、いわゆるヤンキー系の女の子です。

「何して停学になったの？」と尋ねると、「多すぎて言えない」と答えるほどの、自他ともに認める「悪い子」です。学校も両親も対処しきれずに、一縷《いちる》の望みをかけて寺に預けてきたのでした。

当時、私の子どもは小学校に入ったばかりの頃でした。「不良少女」を同じ家で生活させることは不安もありましたが、Aちゃんは子どもが大好きで、私や妻が忙しい時間には子どもを遊ばせてくれました。子どもたちもAちゃんによくなついていました。

子どもの面倒をみるだけではなく、本堂の掃除やお檀家さんへのお茶出し、風呂洗いや食事の後片づけなど、Aちゃんは一所懸命に手伝ってくれます。彼女がお寺に滞在した数か月間のすべてを見ていたわけではありませんが、少なくとも、私が頼んだことを無視したり、断ったりしたことは一度もありませんでした。風貌から「元ヤンキーの不良少女」の気配が感じられないわけではないのですが、それでも、こんなよい子が問題行動を繰り返していたとは信じられません。

ある日のこと、夕食後に私が事務室で仕事をしていると、後片づけの手伝いを終えたAちゃんが「全智さん、コーヒー飲む？」とコーヒーを持ってきてくれました。片手に私の分を、もう片手に自分のを持って現れたAちゃんを見て、何か話したいことがあるのだろうかと、仕事の手を止め、テーブルに向かい合ってコーヒーを飲みました。

彼女はふと、「私のこと、よい子だと思っているでしょ?」と聞いてきました。

私は「うん、とてもよい子だと思っているよ。手伝いも一所懸命にしてくれるし、子どもの面倒もみてくれる。こうしてコーヒーも淹《い》れてくれる。優しくて気が利く、とってもよい子だと思っているよ」と、思ったことをそのまま答えました。

彼女はそれを聞いて「全智さん、私は、本当は悪い子なの。ここにいる間は、よい子のマネをしているだけなの」と言いました。

「昔いろいろあったことは聞いているけど、今の君はとってもよい子だよ」と返すと、彼女は「ううん、私は今でも、本当は悪い子なの。悪い子なのに、ここにいる間、よい子のマネをしているだけなの」とやはり私の言葉を否定します。

私は少し考えて、「よい子のマネをするのは嫌な気持ち？」と尋ねました。彼女はすぐに「全然嫌じゃないよ。でも、私は本当は悪い子。よい子のマネをしているだけなの」と繰り返します。

私は彼女に聞きました。

「たとえば君がコンビニに行ったとするよ。それで「本当はよい子」なんだけど、悪い人のマネをして万引きをしたとする。そうしたら、それは「本当によい子」なのかな？」

「マネだって、万引きしたら泥棒でしょ。そんなの悪いに決まってるじゃん」

「じゃあ、今度は君が電車に乗っていたとする。それで「本当は悪い子」なんだけど、よい子のマネをして、立っていたお婆ちゃんに席を譲ったとする。それって「本当に悪い子」なのかな？」

「席を譲ったんなら、そりゃあよい子だよね。お婆ちゃんは喜ぶでしょう」

「じゃあ、「本当はよい子」とか、「本当は悪い子」とか、あんまり関係ないんじゃない？　ここにいる間、君はずっとよい子のマネをしてればいい。ずーっと、よい子のマネしてればいいんだよ」

そう言うと、彼女の表情が大きく変わりました。そして「そうか！　マネでいいんだね」と、ほっとしたように話しました。

禅では「学ぶ」は「まねぶ」ことです。学ぶことはマネをすること。マネができればそれがそのまま本物になる。それが、釈尊の悟りの姿である坐禅を行い、代々のお師匠さま方が脈々と続けてきた修行生活を「マネしてなぞる」理由でもあります。

誤解のないようにしたいところですが、「マネを続ければ、いつかは本物になる」のではありません。マネした瞬間に本物だということです。一瞬でも善人のマネをすれば本物の善人になる。一瞬でも悪人のマネをすれば本物の悪人になる。もちろん、マネをやめればその場で本物は終了です。

## 行為、言葉、思い

別の女性の相談を受けた時のことです。

彼女は夫から度重なる暴力を受けていました。子どもを必死に育てている中で、頻繁に夫に暴力を振るわれていると言います。目に見えるところに大きな傷はありませんでしたが、心と身体が大きく傷つけられていることは、話の流れから容易に想像ができました。離婚や緊急避難の専門家につなげる必要性を感じながらも、今の彼女にその気がなく、ただ話を聞いてほしいとのことでしたので、黙って耳を傾けました。

しばらくして彼女は「夫はこうして暴力を振るうようになってしまったけれども、あの人は本当は優しい人なんです」と言いました。夫を庇《かば》おうとする彼女の姿勢に胸が一杯になりながらも「本当は優しい人が、あなたをこんなに殴ったり蹴ったりするものでしょうか？」と聞きました。しかし彼女は同じ言葉を繰り返すばかりです。

私はそれ以上、反論しませんでした。彼女が「昔は優しかった」と以前の彼を思い出す気持ち、また「もしかしたらこれから先、優しい夫に戻るかもしれない」と望みをつなぐことを否定する気はありません。しかし、彼女が言う「本当は優しい」の「本当」とはいったい何なんだろうと虚しい気持ちになりました。

禅の世界に「修証不二《しゅしょうふに》」という言葉があります。「修」は「修行」を意味し、「証」は悟りを意味する言葉で、修行の中にこそ悟りの姿が現れる、という意味です。

これは意外に思うかもしれませんが、禅では「修行をして悟りを得る」という順番ではなく、「修行をする姿にこそ、悟りが立ち現れる」と考えます。これを私たちの日常生活に置き換えれば、「この一瞬の行いが、その人そのものである」とも言えます。

悟りというと遠い世界のことのように感じるかもしれません。そして、未熟な人間が修行を積んで、立派になって悟りを得るという認識が一般的だとも思います。しかし禅では、過去や未来に「本当の姿」を見出すのではなく、今の行いに「本当の自分がそのまま現れる」と考えるのです。

どんな人間になりたいのか。どんな本物になりたいのか——、なりたいもののイメージができれば、後は簡単です。マネすればいい。そしてマネをするのは「行為」と「言葉」と「思い」の三つです。実にシンプルで明快だとは思いませんか?

さて、ザルの問題の答えです。

正解は「ザルを小川に浸す」です。きれいな小川にザルを浸せばザルは清水で満たされます。泥水にザルを浸せば、ザルは泥水で満たされます。

生きるとは、つまり、そういうことなのです。

## コラム2　修行道場の一日

修行僧は特別な係を除いて基本的に時計は持ちません。修行道場での合図は、鐘や太鼓、木版や雲版といった鳴らしものによっています。

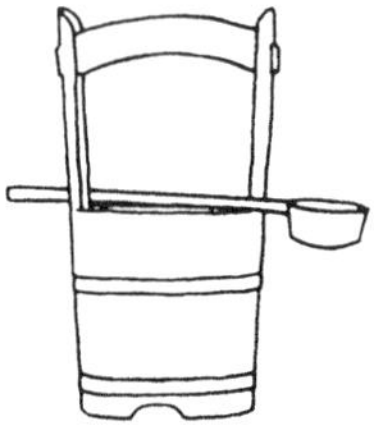

修行道場の朝は、振鈴《しんれい》の音で始まります。

これは、いわば目覚まし時計に相当する仏具で、カランカランとなるベルのような作りをしています。時間は夏は三時半、春秋は四時、冬は四時半です。

季節によって起床時間が変わるのは、朝の坐禅が終わった頃に夜が明けるように調整するためで、古い時代、朝の坐禅終了は、坐禅堂の庭にある決まった石の輪郭が見えたら、としていたこともあるそうです。就寝時間は夜九時と季節を通じて変わらないので、必然的に夏の方が睡眠時間は短くなります。修行中は睡眠中だけが唯一ゆっくり落ち着いて身体を休められる時間ですから、夏から秋に変わる時期、秋から冬に変わる時期は「これで今日から三〇分余計に眠れる!」と、うれしいものでした。

振鈴の担当となる振司《しんす》という当番は、他の修行僧よりも早く起床し（この当番は日替

わりで回ってきます）、身支度を整えて僧堂にて定刻を待ちます。

定刻を迎えると、まずは静かにカチ、カチと予備的に鐘を鳴らします。これを聞いた修行僧は、間もなくの起床に備えて心の準備をします。しばらくすると、振鈴は大きく数回、カラカラと手を伸ばして大回しで鐘を鳴らし、起床を促します。修行僧は蒲団から出て身支度の準備をします。

その後、振鈴は僧堂を出て、山内の回廊を決められたルートで巡り、他の場所で眠る修行僧を起こして回ります。修行僧は坐禅堂（僧堂）で寝るのが本来の姿なのですが、実際の修行僧の数は僧堂の定員を大幅に上回っていることが多く、僧堂を入門後間もない修行僧に譲り、他の修行僧は各配役の当番所などの場所を使って睡眠を取ることになっていました。

修行僧は起床すると初めに衣を身に付け、洗面手巾という長細い布（手ぬぐいの大きなもの）で衣の襟を覆います。そして僧堂の裏手にある洗面所で、木桶に一杯の冷水を汲《く》み、まずは口を濯《すす》ぎます。その後、歯を磨き、顔を洗います。

僧堂に戻ると、朝の坐禅を組みます。時間は四〇分。坐禅開始を告げる鐘が鳴ると、皆が一斉に坐禅を始めます。鐘を鳴らす当番を直堂《じきどう》と言い、日替わりで回ってきます。直堂は坐禅を組まず、時計を見て合図を出すこと、また坐禅中の堂内を点検して回り、何か問題があったら対応します。この直堂がいてこそ、皆が自分の坐禅に集中して取り

組めることになります。

実は、私は朝の坐禅が苦手でした。いくら顔を洗っても目が覚めず、どうしても眠くなってしまうのです。眠気と闘いながらの四〇分は毎回とても長く感じられました。もし坐禅中に寝てしまった場合には、直堂が警策《きょうさく》という先が平らになった棒で肩を叩いて起こします。警策は坐禅堂の本尊である文殊菩薩の前から直堂が作法に則って受け取るもので、文殊さまに代わって仲間の修行僧を励まします。これは、決して懲罰的な意味合いではなく、警策を受ける時には、合掌して頂戴すると作法が決められています。

坐禅が終わると、お袈裟を身に着けて朝課《ちょうか》、いわゆる朝のお勤めへと向かいます。朝課は、通常の場合で約一時間、長い時だと二時間以上にわたることもあります。入門して間もない頃は、足がしびれて立てなくなったり、またしびれがつらくて苦労するものです。しかし中途半端にモジモジ動くことを止めれば案外と痛みは落ち着くことに気づくと、そこからは少し楽になります。また、長い時間の正座でもちょっとした工夫をすれば、終了時にスッと立てることに気づいてからは、私は、正座はそれほど苦ではなくなりました（この工夫は、ここでは内緒にしておきます）。

朝課が終わると僧堂に戻り、朝食の時間となります。食事も大切な修行ですので、衣とお袈裟を身に着けて、坐禅を組んで食事に臨みます。

食事の内容は、朝は玄米粥と沢庵漬け、後はごま塩です。これを、浄人《じょうにん》というお給仕係の当番が、応量器という入れ子の、個人持ちの器に配って回ります。以前は白米粥の時期もあったそうなのですが、脚気《かっけ》が続出したことから今は玄米粥になっています。またごま塩は黒ごまのスリごまで、塩分が少なめに調整されていて、多めにかけてごまの栄養分を取れるようにという配慮がなされています。

そうは言っても、慣れない精進料理の生活で大抵の修行僧は入門後、一度は脚気になります。私も入門一か月で脚気になりました。その場合、医務室でビタミン剤をもらえば症状は劇的に改善するのですが、我慢して身体を慣らしていくと、少ない栄養分でも身体が順応して吸収するようになります。

応量器の応量とは、自分が必要な量に応じていただくという意味で、器を両手で持って浄人に差し出し、欲しい分量で合図をして給仕を止めてもらいます。各人の体型やその日の体調、また配役による仕事の強度などで必要な量はそれぞれ異なります。ですから自己申告で量を調整する形をとるわけです。初めから自分の必要な量だけもらっているのですから、残して無駄にすることはありません。また、食事の途中で再進《さいしん》というお代わりの給仕が入ります。この時までに器を空にして合図すれば、お代わりを受けられます。

再進が終わってすべてを食べ終えると、お茶の給仕が入ります。これを器で受け、軽く清め、そのまま飲み干します。次にお湯のお給仕が入ります。このお湯で器をきれい

に洗い清め（刷《せつ》という漆塗りの棒の先にガーゼを巻き付けた特別な器具を用います）、お湯は半分飲んで、半分は浄人が回収します。清めた食器は、重ねて布で包み、しまいます。

応量器は食事作法の中で洗鉢するので、これを食後に改めて洗うことはありません。少量のお湯ですべてが完結するので、非常にエコロジカルな生活と言えます。

朝の食事が終わると、「回廊作務《かいろうさむ》」と呼ばれる掃除の時間です。各人が雑巾を持って集合し、一斉に拭き掃除を行います。修行道場の日常では、廊下を走ることはありませんが、この時間だけは全力で身体を動かします。目的は掃除ですが、実質的には数少ない運動の機会にもなっています。回廊掃除に用いる水は、前晩参拝者が使った浴室のお湯を再利用していました。ややぬるめのお湯ですが、冬はほのかな温かさが有難かったことを覚えています。

回廊掃除が終わる時間が七時半頃、ここでいったん休憩になります。起床から回廊掃除までの朝の時間は集中した濃密な修行の時間で、当時はここで、一日の修行の半分ぐらいは終わった気分になることが多くありました。

その後の午前中の時間は、本来は坐禅に充てられるものでした。

かつての修行道場では「四時《しじ》の坐禅」といい、早朝、午前、午後、夜の四つの坐禅が行われていましたが、現在は各修行僧が配役部署に分かれて、寺院運営の仕事に当たる

ことになっています。食事を作る係、鳴らしものの合図などを担当する係、法要を務める係、会計や物品管理の係、建物の修繕や物品の搬送に関わる係など、修行道場が運営される上で欠かすことのできない部署の他、大本山永平寺では、参拝者の案内係、宿泊する方のお世話係などもありました。入門して一定の期間が過ぎた修行僧に配役部署が割り当てられ、その係の仕事を受け持つことになります。ちなみに私が配属されたのは伝道部といって参拝者の案内を務める部署でした。とくに配役の仕事がない修行僧はこの時間、草むしりや庭掃除などを担当します。

お昼になると「日中《にっちゅう》諷経《ふぎん》」というお昼の読経が行われます。これは短く二〇分くらい。そして昼食の時間がやってきます。昼食も、朝と同様に応量器を用いて行われます。献立は麦飯と汁物、沢庵漬けとおかず一品程度です。修行道場の食事には肉や魚は一切用いません。出汁などの目に見えないものも使いませんので、味噌汁はかつお節は用いず、昆布や椎茸で出汁を取ります。おかずはひじきの煮物やキャベツの梅和え、切り干し大根など質素なものが出されました。

食事の際には、食べる前に「生飯《さば》」という施しの作法を行います。これは七粒前後の米をあらかじめ取り分け供養することで、決められた作法に則って行われます。供養に出された生飯は食事の途中で浄人が回収し、庭の生飯台において小鳥たちに食べさせます。食事のおすそ分けをしようという趣旨です。食事が終わると、午前と同様に、決められた部署の仕事に当たります。

夕方になると「晩課《ばんか》」という夕方の読経を務めます。これも二〇分程度の短いものです。晩課の後に夕食の時間になります。

ところで、本来の修行道場では夕食は取らないのが正式でした。釈尊以降の仏教教団では原則、午前中に托鉢を行い、食べ物を現物で布施してもらっていました。そしてこれを正午までに食べきるのが決まりだったと言います。これには、食中毒を防ぐ配慮もあったようですが、上座部仏教などでは今でもこの教えを忠実に守るグループがあります。

ただ、仏教が中国から日本へとわたり、日本では比較的気温が低いこと、また現物での托鉢ではなくなっている現状などから、現在は簡単な作法で食事を摂っています。ただし正式な食事ではないという位置づけで頭鉢《ずはつ》という一番大きな器は使わず、昼に味噌汁をいただいた器でご飯を（混ぜご飯などがよく出されました）、漬物の器で味噌汁を、漬物の器の下に台にしていた器で漬物をいただく形で食器を一つずつずらして用います。おかずは昼と同様に一品、もしくは二品でした。この夕食を薬石《やくせき》と呼びます。身が枯れるのを防ぐ薬として、またその昔、温めた石をお腹に抱いて寒さと空腹を紛らわせた名残から、その石の代わりに、という意味です。

薬石が終わると、夜の坐禅が始まります。これを夜坐《やざ》といい、四〇分の坐禅を二回坐

ります。夜坐が終わるのは九時ちょうど。鐘の音を合図に坐禅を終了し、開枕《かいちん》と呼ばれる就寝時間になります。ただ、坐禅終了後には大抵、次の日の配役の準備や引継ぎなどがあるので、実質就寝は十時頃になる修行僧がほとんどでした。

夜の十時三十分になると、点検が行われます。行灯《あんどん》を持った役寮（指導者）が山内をくまなく回り、火元の確認と、各修行僧が所定の場所で寝ているかどうかを点検して回ります。この時、仮に起きていて役寮と鉢合わせになるようなことがあると重大な規律違反として罰せられます。修行僧同士で雑談をしているなどは論外ですが、明日の配役の予習が終わっていない、読書がしたいなどの理由でもダメです。就寝も心と身体を調える大切な修行なのだから、おろそかにすべきでないとの考え方で、要は寝る時はきちんと寝なさいということです。修行僧は作法に則り、各自決められた場所で、振鈴までの短い時間で睡眠を取ります。

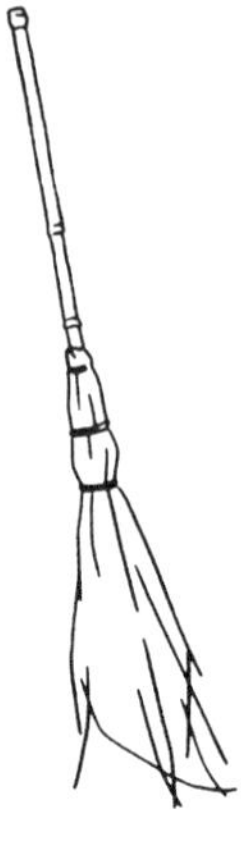

# II

# I 情報と人との常時接続から

## いったん離れてみる

先日、家族四人で外食に出かけました。子どもたちが部活動や塾で忙しくなっているので、全員揃って食事する機会が減っているのですが、それでも月数回は揃うタイミングがあります。そんな日に、子どもが行きたいと選んだレストランに出かけた時のことです。

席についてしばらく経った頃、向かいの席に座った娘が合図を送ってきました。彼女の視線の先を見ると、四人の家族が揃って、スマートフォンを片手に黙々と料理を食べている姿がありました。家族揃っての食事も、さまざまな形があることに驚きました。

思えば私が子どもの頃は（それはたかだか三〇年前のことですが）、携帯電話もスマートフォンもありませんでした。テレビは一家に一台、兄弟とのチャンネル争いに負けたり、父が好きな大相撲やプロ野球の放送が始まってしまえば、テレビはないも同然です。パソコンもありませんから、何か調べたいことがあれば、学校の図書室か町の図書館に行くしかありません。見逃した情報にもう一度出会う方法がなく、気になる情報がテレビで流れれば、必死にメモに書き留めました。それが今では、誰もが携帯端末を持ち、パソコンやテレビは一人一台が当たり前です。いつでも電話することができ、テレビは見たい時に、欲しい情報は検索ワードを入力すればどこででも手に入ります。

待ち合わせは、場所と時間を相談する必要がなくなりました。とりあえず、大体の時間と場所を決めておけば、後は携帯で連絡すれば済むからです。会った時に、必要なことをきちんと話さなければ、聞いておかねばと意識することも減りました。その気になればいつでも電話やメールで連絡を取ることができるのです。

その結果、いつでも情報が手に入るのですから、必要な情報を書き留めたり、記憶しておくということも少なくなりました。そして、情報を得ることや記憶すること、

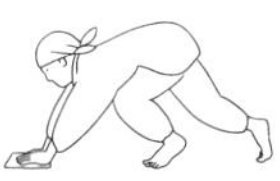

そして人と向き合って話す時間の価値は格段に下がりました。どうやら、情報や通信手段は増えれば増えるほど、有難みや価値は減ってしまう。つながりが増えることが、つながりを弱くしているとは不思議ですが、確かな実感です。

## 常時接続を断つ

社員研修で坐禅を取り入れる場合、日帰り、もしくは一泊二日で、大きな畳敷きの和室を会場にします。そこで坐禅をして、修行道場の作法に準じて精進料理を食べ、禅に関する講義を聞きます。この時私たちは、主催者と相談して、可能な限り携帯電話やスマートフォンを回収し、それから離れて研修に参加してもらうようにします。

受講者には、「禅の修行道場では、携帯電話などで外部と連絡することはできません。一泊二日の間、修行僧になった気分で、普段の生活から離れた時間を過ごしてください」と話します。おそらくは昼も夜も、週末や祝日も関係なく仕事の連絡が来る人が多いのでしょう。「業務用の携帯を手放してしまって、何か問題が発生したら」と不安そうな顔をする人もいます。そんな時は、研修の責任者が「会社が主催する研修会なので、心配しないで参加してください」と説明してくれます。また、「妻の出産予定日がもうすぐで、いつ連絡が来るかもわかりません」という参加者には、緊急時は会場ホテルのフロントに電話を入れてもらうように伝え、同じように手放してもらいました。

回収用の紙袋に携帯端末を入れるまでは、戸惑ったり不安そうな顔を見せる人がほとんどです。しかし、手放した瞬間に表情が緩みます。ほんの数分で別人のような雰囲気になる人もいます。

研修プログラムでは、坐禅や講義の合間の時間を意識的に多めにとるようにしています。一五分、二〇分という時間は、普段の彼らであればメールや着信の確認、また気になったことなどをネットで調べる時間になるのでしょう。しかしそれをしようにも、ここでは手立てがありません。始めは手持ち無沙汰な様子でしたが、次第に参加者同士が話をするようになりました。

とくに印象的だったのが夜の時間です。坐禅が終わった後、大広間に各自が蒲団を敷きます。入浴後は就寝する部屋の隣にテーブルを出し、お茶と水を用意して自由に利用してもらうことにしました。順々に浴室から戻ると、自然にテーブルを囲んで話し始めました。お酒もおつまみもない部屋で、お茶と水を飲みながら、仕事や上司、プライベートについて思い思いに話していました。

研修後の感想レポートには、「携帯電話を没収されたのが、近年まれに見る衝撃的

な出来事だった」と書いた人がいました。「丸二日の間、外との連絡を絶って過ごした時間が、とても落ち着く、豊かな時間だった」「夜の雑談の時間が、大人の修学旅行のように感じて楽しかった」といった感想もありました。普段おろそかになってしまっている現実の目の前の人との時間が、実はとても豊かなものだったのだと感じてもらえたのかもしれません。

私たちは普段、膨大な情報と数多くの人間に「常時接続」しています。しかしそのことが、極々近い人とのつながりを感じにくくさせます。「灯台下暗し」という言葉がありますが、広く、遠くばかりが意識され、肝心な足元が暗く、おぼつかなくなるのでしょう。確かなつながりを実感するためには、つながりから離れてみることが大切なのです。

## 独りだから感じるつながり

ネットを手放してこそ感じられる、現実の目の前の人との時間は、つながりを手放すことで別種のつながりを生み出します。これをもう一歩進めると、「独りであるからこそ、感じるつながりがある」という禅の世界観に行き着きます。独りだから感じるつながりとは、奇妙な言い回しと思われるかもしれませんが、それはたとえば禅の食事観に端的に現れます。

　修行道場の食事は、坐禅を組んで静かに食事と向き合う時間です。孤食《こしょく》といえば究極の孤食なわけですが、むしろ黙って静かに食べるからこそ、感じられるつながりがあります。先にお話しした、一杯のお粥に世界を感じるという「五観の偈」は、誰かと何かをしながら摂る食事では感じにくいものです。一人黙って、静かに食事と向き合ってこそ、初めて感じることのできる世界です。

　それは「一枚の白い紙に何を観るか」にも通じています。白い紙だからこそ世界のすべてが見えるのであって、たとえば紙に何かの文字が書かれていれば、その文字だけが見えて他のものは見えなくなってしまうのです。

　禅の修行は、つながりを最小化していく方向に向かいます。それは一見、孤独に近づくプロセスのようにも見えますが、意味が全然違います。究極に最小化された個としての自分が、実は世界のすべてとつながる存在なのだと気づく、それが坐禅や禅の食事に現れるダイナミックな世界観なのです。

## 2 布施とは

# 貪らざるなり

### もらう喜びか、与える喜びか

お布施とは、何でしょうか。

こう聞くと、大抵の人は「お坊さんにお経をあげてもらった時に払う料金のこと」と答えると思います。しかし、これは正解ではありません。布施とは本来、誰かに何かを喜んで与えることを意味します。法事の時にお礼として手渡すお金はたしかにお布施に含まれますが、布施はそれだけではありません。そもそも、対価や代金、報酬の類いを表す言葉ではないのです。

仏教では古い時代から「六波羅蜜《ろくはらみつ》」と呼ばれる修行方法があります。「波羅蜜」は、悟りを意味するサンスクリット語の「パーラミター」に起源し、次の六項目を実践することで悟りの世界へ進むことができると考えられてきました。

布《ふ》施《せ》　見返りを求めずに、喜んで与えること
持《じ》戒《かい》　戒律を守り、悪事をなさないこと
忍《にん》辱《にく》　感情に流されず、辛抱強く物事に当たること
精《しょう》進《じん》　すべきことに、少しずつでも丁寧に励むこと
禅《ぜん》定《じょう》　坐禅を組み、心を穏やかに調えること
智《ち》慧《え》　物事の道理を、正しく、深く理解すること

仏道修行の第一歩は、布施、つまり見返りを求めずに喜んで与えることとされています。相手がお寺やお坊さんでなくても、喜んで与えることができれば、それは修行になります。「喜んで」がポイントです。お寺に収めるお布施の原型は、先祖や仏さまの供養のために、またそれらを護る菩《ぼ》提《だい》寺《じ》のために、自分の財産の中から自発的に与えることにあります。

でも、「喜んで」「自発的に」与えるとは、そもそもどういうことなのでしょうか。

何かをもらってうれしいと感じるのは、誰にとっても異論のないところでしょう。いらないものは別にしてお金や価値があると思われる財産など、何かをもらえばうれしい。とくに、相手が大切にしているものをもらえば、その喜びはさらに大きなものになります。

逆に、あげること、与えることはどうでしょう。他人にあげれば財産は減ります。自分の財産が減ることを喜べる人は少ないでしょう。また同じように、誰かのために何かを行うことと、誰かに何かをやってもらうことを比べてみると、多くの人は、やってもらう方を喜ぶのではないでしょうか。こう考えると、他人に何かをあげたり、率先して動くよりも、何かをもらうこと、やってもらうことの方が好きという結論になってしまいます。

しかし、どうもそれだけでもないことに気がつきます。

あげたことで感謝された、相手が喜んでくれたなどの経験は、(もちろん程度の差はありますが)、誰しも共通して持っているものだと思います。家族にお土産を買って帰るとか、恋人にプレゼントをあげるとか、こういった場面は日常でもたくさんあります。「与える」ことが自分にとって喜びとなるのかどうかは、実はこのあたりにヒントがありそうです。

　これは顔が見える間の関係ですが、では、あげた相手の顔も分からず、お礼も言われず、あげたものがその後どうなったかも分からないとしたらどうでしょう。これは私自身の経験ですが、相手からお礼を言われなかったとしても、誰かに何かを与えることでその人自身が救われていたのではないかと、率直に感じたことがあります。

　それは、東日本大震災に関連した募金活動に関わった時のことでした。私は発災後間もない時期に仲間のお坊さんと一緒に募金箱を持ち、僧形で街頭に立ちました。すると、とにかく驚くほど多くの通りすがりの方が募金に協力してくださいます。「テレビで被災地の様子を見て、いてもたってもいられなくて」「私は被災地にボランティアには行けないけれど、せめてお金だけでも」と口にしながら、千円、二千円と大きな金額を入れてくださる方も少なくありませんでした。お金をくださる方が偉ぶりもせず、むしろ「お願いします」と見ず知らずの私に頭を下げながら、見ず知らずの方に届けられるお金を箱に入れてくださることが新鮮に感じられました。

　そして、義務感や世間体ではなく「自分がこうしたい」と思い、その結果、「できてよかった」と喜ぶその様子を見て、「喜んで与える」ことの核心に触れたように感じました。募金をする時のことなどを思い起こすと、「与えることが喜びになる」という場面は日常に数多くあることを確認できると思います。

## 金品に限らない布施

「与える」という言葉には、持つ者が持たない者へ金品を渡すというイメージがあるかもしれません。しかし、仏教では古くから「無財の七施」と呼ばれるものがあります。

眼《げん》施《せ》　眼差しを施す。温かく優しい眼差しを相手に向けること
和《わ》顔《がん》施《せ》　笑顔を施す。明るく和やかな笑顔で接すること
語《ごん》施《せ》　言葉を施す。相手を思いやる心を言葉にして届けること
身《しん》施《せ》　行いを施す。自分のできることで、相手の役に立つことを進んですること
心《しん》施《せ》　心を施す。周りに目を向け、思いやりの心を巡らすこと
床《しょう》座《ざ》施《せ》　座席を施す。座る場所を設けること、または席を譲ること
房《ぼう》舎《じゃ》施《せ》　泊まる場所を施す。雨露をしのぐことができ、安心して眠れる場所を与えること

これは、『雑《ぞう》宝《ほう》蔵《ぞう》経《きょう》』という、今から一五〇〇年以上も前に作られたお経に出てくる教えです。「相手にあげることができてうれしい」ものは、何もお金や物に限ったものではない。与えたいと願い、与えることでともに喜べる材料は、実のところお金

や物以外でもよくて、金銭的に豊かであるか、そうでないかによらないのです。

　こうした教えが生まれた背景には、「与える」という行為を裕福な人にだけ限るのではなく、どんな人にも平等に、与える喜びを感じてほしいという仏教の実践観があります。結局のところ、たとえわずかな物や行為であったとしても、与える方がうれしいのか、受け取る方がうれしいのか、あなたはどちらの人間になりたいのですか、という問いが、自分の幸せの質を変えていく力になります。


　禅ではさらに進んで、物や行為のやり取りを超えたところにも、布施が成立すると考えます。「布施とは貪らざるなり」という道元禅師の言葉があります。自分の持っているものを人に与えるのも布施だけれども、必要のないものを手に取らないことも同じく布施であるという意味です。ちょっと分かりにくいかもしれません。身近な例でもう少し説明してみましょう。

　たとえば、五個の飴玉があって、そこに六人の子どもがいたとします。そこでジャンケンをして飴をもらえる人を決めるとしましょう。ジャンケンに勝った五人の内の一人が、負けた人に飴を譲ってあげるのはもちろん布施です。しかしそもそもジャンケンに加わらないのも立派な布施です。どうしても必要なものでないのであれば手に

取らない。とても地味なのですが、それこそが布施の本質だと道元禅師は言います。

私が修行した大本山永平寺の境内の入口に、大きな二本の門柱が建てられており、そこには次の句が記されています。

杓底一残水　　杓底《しゃくてい》の一残水《いちざんすい》、
汲流千億人　　流れを汲む千億の人

小川の水を飲むために、柄杓《ひしゃく》で水を掬《すく》います。そして必要な分をいただいた後で、柄杓の底に残る水を川に戻す。するとその水は、流れを汲む千億の人につながるというのです。

小川の水は、絶え間なく流れていきます。雨の後になれば水かさが増すこともあるでしょう。でもどんな時も変わらずに「千億の人」を思い、柄杓の水を返す。決して貪らず、無駄にせず、水に敬意を払い他の人を思い必要な分だけ水をいただく。こうした行いと姿勢が、「人とものを大切にできる自分」を育てる修行になります。

禅の考える「与える」とは、喜べること、奪わないこと、譲ること、貪らないこと、そして無駄にしないことです。

# 3 放てば手に満てり

## 達磨と武帝の話

「与える」という行為は、与える側、受け取る側、与えるもの（言葉や行為を含みます）の三つが必要条件になりますが、現実には、ここでさまざまな問題も起こります。

それはたとえば、「ありがた迷惑」という言葉に代表される、受け手にとってそれが必要なものではなかったという結果であったり、また、「タダより高いものはない」と言われるような、恩を売る、または貸し借りに類するような与え方の問題であったりします。

その他にも、電車で席を譲ったら「年寄り扱いしないで頂戴！」と怒られて不愉快

になったという話や、孫が欲しがるお菓子を不用意に与えたため、子どもが虫歯や肥満になってしまったというような話は数え切れないほどあります。

与えるという行為は自己完結するものではありません。相手と物が伴う以上、よかれと思ったことでも喜んでもらえるとは限りません。「こんなことになるならあげなければよかった」と思ったり、「こんなことになるなら、もらわなければよかった」と思わせてしまったりすることも少なくありません。現実は頭の中で考えているよりも難しいことが起こります。ここでもう少し踏み込んで、与えること、つまり「布施」という行為が仏教ではどう考えられてきたかを整理しておきましょう。

まず布施をする際には、何を施すかよりも、それが相手の真の利益になるのかをよくよく考えなさいと説かれます。施すものは何でもよいのです。飲食物でも、金品でも、もののよし悪しは問われません。

真の利益とは、仏道修行者であれば修行がよりよい形で進むということですし、一般的には、心と身体を健やかに保ち、その人が人間としてよりよく生きる糧となっているかどうかと考えられます。ですから相手が喜ぶからと言って、短絡的に欲しがるものをただあげるというのは、布施としては不適切です。また、そのものの価値も人によってさまざまです。相手のためになるだろう、喜んでもらえるだろうと心を尽くしたものであっても、相手にとっていつでも変わらず有益だとは限らないのです。

では具体的には、何をどのように与えることが「よい布施」なのでしょうか。

実は仏教では「何をどうすればよい」とははっきりとは言いません。先ほどの「その人が人間としてよりよく生きる糧」という言い方は漠然として曖昧な表現に見えるでしょうが、物や行為の価値は、時と場合によって大きく変わります。これをこうしていれば、必ず正しい、ああすればこうなるというものではないのです。

自分の布施が相手にどう作用しているのかを冷静に見極め、つねに見直して考え続ける姿勢が必要だと考えられています。


キリスト教のシスターで、上智大学グリーフケア研究所の特任所長を務める高木慶子先生が、以前講演会でこんなお話をされました。先生はスピリチュアルケアの専門家で、東日本大震災の直後から被災地に入り、大切な家族を亡くされた方の悲しみに寄り添う活動を続けています。

その中で知り合ったある男の子のお話です。

彼の母親は津波に流されながら、「善い人になるのよ」という言葉を残して亡くなられました。この言葉が耳から離れないという彼は、「私は母親の言う通りに、善い

人になりたい。でも善い人になるとは、どういうことなのでしょうか」と、真剣に先生に質問したそうです。それに対して先生は「善い人になるというのはとても簡単なこと。自分がしてほしくないことは人にはしないこと。自分がしてほしいことを人にもしてあげること。でも、自分がしてほしいことを人にしてあげても、必ず喜んでもらえるとは限らない。そんな時は「ごめんなさいね」と思えばいいのよ」とお話しされたそうです。

私はこの話を聞いて、禅が目指すものとよく似ていると感じました。

相手が苦しむこと、悲しむこと、嫌がることをしないという自制の心。相手の利益になること、喜ぶことを進んでする思いやりの心。そしてその思いやりがうまく伝わらなかった時に「ごめんなさい」と言える謙虚な心。人間が「善くある」姿を端的に表しています。

そして、これは与えるという行為にもあてはまります。他人のものを奪わないという自制心、進んで与える慈悲心、そして何より施者が、奢《おご》らず、謙虚に受者と向き合うこと。好意を受け入れてもらえなかった時に「ごめんなさいね」と思うことができれば、受け取る側はもちろん、与える側にとってもとても気持ちは楽になります。

### お賽銭の入れ方

仏教には古くから「三輪空寂《さんりんくうじゃく》」という考え方があります。これは「施者」「受者」「施物」の三つが、こだわりや執着を離れているという、布施の理想形を示した言葉です。つまりは「私はあの人に○○をあげたから」とか、「私はあの人から○○をもらったから」と、いつまでもこだわっているのは本当の布施ではないということです。見返りを求める気持ちは、本来の布施からは出てこないものです。

身近なところでの「三輪空寂」に近い行為は、お寺や神社でのお賽銭《さいせん》です。お寺に行ってお賽銭を入れる時に、「賽銭箱に入れたお金は、この後どうなるんだろう」と気にしながら入れる人は少ないと思います。

お賽銭のことを「喜捨《きしゃ》」とも言いますが、自分の財布からお金を取り出して賽銭箱に放り投げる、その行為を「喜んで捨てる」と表現したのです。お金を喜んで捨てるとは何とも面白い表現で、初めて聞いた時は思わず笑ってしまいました。自分の手元に置いておけば好きなものと交換できる貴重な財産を喜んで捨てて、さらには他の人が「喜捨」したお金とまぜこぜにしてしまうのです。自分の手を離れて賽銭箱に入った瞬間に、お金と自分との関係は断たれてしまいます。

突き詰めて言えば、お金に対する執着をお金と一緒に捨て去るという修行になって

いることが、喜捨の功徳《くどく》であるとも言えます。手を離れて賽銭箱の箱に当たってコンコンと音を立て、最後に「カシャ」と落ちるまでのほんの数秒の時間、清々しい気持ちになれるのは、執着を捨てることができたからです。

お賽銭の金額や入れ方にもさまざまな考え方があるのでしょうが、執着を手放す修行という視点で捉えれば、私は次の方法をお勧めします。

まず金額ですが、大きすぎず、かといって少なすぎず、「ちょっと痛いな」ぐらいの金額がよいと思います。なにせ執着を手放すのですから、自分の執着が乗る金額でなければ意味がありません。「このお金があれば、美味しいケーキが一個食べられる」というような、「ちょっと惜しいな」と思う金額を財布の中から取り出します。

もちろん、その時のお財布の状況で金額は変わるでしょうし、大人と子どもで違っていいと思います。ただし、子どもが親からお賽銭用のお金をもらうのはあまりお勧めできません。自分のお小遣いから出さなければ、「執着」も「手放す」も成立しません。またご縁があるようにと、五円玉を入れる人が多いようですが、執着が乗る金額としては少なすぎるように思います。また逆に「たくさん金額を入れれば願いごとが叶うの？」と聞かれることがあるのですが、どんな宗教の神さまや仏さまでも、金額次第で応援の仕方が変わるということは、どう考えてもないと思います（そうでない見解の寺院や神社があれば、ごめんなさい。これは希望的な私見です）。

それと、賽銭箱は硬貨を投げた時によい音がするようにできています。あの音は手放す行為を象徴的に表しているように感じますので、お札よりも硬貨の方がよいと私は思います。

また、のし袋に住所氏名を書いてお賽銭箱に入れる方がいますが、名札をつけるのはあまりふさわしくありません。あくまで、自分の手元から貴重な財産を「手放す」という行為が、執着を離れる修行になるのだという点を大事にします。

## 手放すことによって満ちる

見返りを求めることについて、禅僧と皇帝の面白いやり取りが伝わっています。

登場人物の一人は達磨《だるま》大師です。日本でもよく知られる縁起物の「ダルマさん」のモデルになった方で、インドからはるばる中国に渡り、最初に禅の教えを伝えた人とされています。

もう一人の登場人物は梁《りょう》の武帝で、達磨大師が渡った先の中国の皇帝です。

武帝は「仏心天子」とあだ名されるほどに仏教の信仰が厚く、仏教を保護し、みずからも多くの寺院を建立し、経文を学び、また多くの僧の育成にも力を尽くした人で、

仏教の大旦那（大スポンサー）です。

その達磨と武帝が面会する機会がやってきました。

宮殿を訪ねた達磨に、武帝は得意気に尋ねました。

「私は今まで、たくさんのお寺を建立し、教えを学び、僧侶の育成に協力してきました。これほど仏教に貢献した私には、一体どんな功徳があるのでしょうか？」

すると、それを聞いた達磨は一言、「無功徳《むくどく》」とだけ答えました。

その反応に武帝はきょとんとして、次に「お前は一体何者なのだ？」と達磨に問いかけます。達磨は「不識」（そんなことはしらん）と答えて、二人の会話は一向にかみ合いません。達磨は宮殿を早々に後にして少林山の洞窟に入り、壁に向かって九年もの間黙々と坐禅に打ち込むことになります（縁起物のダルマの格好は、手を組み足を組んで坐禅する達磨を表現したものです）。

この話は『碧巌録《へきがんろく》』に記された逸話で、曹洞宗でも「法戦式」（禅問答を戦わせる重要な修行の儀式）の冒頭に取り扱われることの多い有名なお話です。

さて、達磨との会話は、武帝にとっては非常にショッキングな出来事だったと考えられます。それまで国を挙げて仏教を支え、「仏心天子」と呼ばれ、誰もが認める大スポンサーであった武帝ですから、どれほどか褒めてもらえるだろうと期待していたはずです。

「この功徳で、天子さまの世はますます繁栄し、その功徳は計り知れず子々孫々まで受け継がれることでしょう」ぐらいのことは言ってもらえると踏んでいたに違いありません。ついでに「加えて長く修行を積んだ私にも、いくばくかのお布施と寺院を与えてくださるならば、その功徳はさらに大きなものとなるはずです」と言われたら、その場でポンとお寺の一軒や二軒の約束をしたかもしれません。しかし達磨の答えは「無功徳」でした。

「無功徳」は、そのまま読めば「功徳なんてないよ」という意味になります。これまで散々仏教にお金と力を注いできた武帝に、功徳がないと全否定したのです。身も蓋もない言い方です。

しかし、達磨は本当に、武帝の功績自体を意味のないものとして切り捨てたかというと、決してそうではありません。武帝が布施をする目的が、何らかの見返り（功徳）を求めるものであるとするならば、それは本当の功徳を生まないのだと言いたかったのです。

喜捨は、金品にまつわる私たちの執着を離れる修行として行われるものです。布施もまた、三輪空寂の布施であってこそ、修行としての実りを生みます。功徳が欲しく

て布施するのでは執着を捨てる理由にさらに執着しているに過ぎず、欲望を手放すのとは程遠いことになるのです。かといって、結果功徳がないのかと言えば実はそうではありません。自分の欲望と執着を手放すという行為が、よい功徳を生まないはずはないのです。

「放てば手に満てり」という言葉があります。道元禅師が『正法眼蔵《しょうぼうげんぞう》』「弁道話」というお経の中に残した教えで、手放すことによって手に満ちるものがあるという坐禅の心構えを示した言葉です。

曹洞宗の坐禅は「無所得《むしょとく》・無所悟《むしょご》」の坐禅と表されます。一見すれば「坐禅をしても功徳はないよ。坐禅をしたって悟れはしないよ」と読めますが、言いたいことはまるで逆で「功徳を求めて坐禅をしても、坐禅の功徳は得られないよ。ガツガツ悟りを求めて坐禅をしたって、本当の悟りなんて手に入りっこないよ」という意味です。

まさに、求める心を離れた時にこそ、結果的に手に満ちるものがある。別の言い方をするならば、坐禅によって得るものもなければ、坐禅によって悟るものもない、ただ坐禅することが悟りそのものなのだという意味です。それは仏行という小川にザルを浸した時に、中に悟りの水が満ちるのと同じなのです。

## 4 正しい教えを説く師匠に、正しく学ぶために

私は大学時代、生物学を学んでいました。

「お坊さんがなぜ生物学なの？」と疑問に思う方もいると思います。まず檀家さんがそうでした。実は私には、幼い頃から科学者に漠然とした憧れがありました。しかし生まれた家が曹洞宗のお寺で、しかも私は長男でしたから、「お寺の跡取り息子」として育てられた私には、僧侶になるという選択肢以外は考えようもありませんでした。だから、小学生時代の「将来の夢」という作文には、「お寺の住職になりたいです！」とだけ書きました。「もし、「お寺を継がずに科学者になりたい」などと書いたりした

ら、檀家さんを含めて村中えらい騒ぎになるんだろうな」と子ども心に感じていたことを覚えています。

　そして科学者への夢というのもそれほど具体的なものではなかったのでしょう。父や他のお坊さんと同じように、高校を卒業したら仏教学部のある大学に進学し、普通にお坊さんになっていくことが、いつしか自分自身の既定路線になっていきました。そんな私が理学部に進み生物学を学ぶ大きなきっかけとなったのが、高校時代のある先生との出会いでした。

　この先生は、たまたま生物の授業で出会ったのですが、今考えれば相性がよい先生だったのだと思います。熱意があったのかなかったのか、授業が上手ということもあったのかなかったのか、摑《つか》みどころがない飄々《ひょうひょう》とした先生でした。でも好きなところがありました。一つには生徒を番号で呼ばないことです。たとえば指名をする時でも、他の先生はその日が一五日であれば、「では次の問題は、出席番号一五番！」と当てましたが、この先生は「今日は一五日だから、出席番号一五番の○○君」と、必ず名前で指名する人でした。「予習・復習は授業の中ですべて行う」という方針も好きでした。「家での学習時間は主要三教科に当ててください。生物は授業中に予習復習を含めるので、家では勉強しなくてよいです。そのかわり、授業は集中して受けてくだ

さい」などとは、他の先生は言わないことでした。

こんなこともありました。授業中に行う前回の復習で「トリプシンという消化酵素を出している臓器は？」という質問に答えられなかった生徒がいました。「答えは膵《すい》臓《ぞう》です。でもあなたが答えられなくても、あなたの身体の膵臓はきちんと毎日、間違えることもサボることもなく正確に酵素を出しているのです。だから安心して着席してください」と先生は言いました。私はこの先生が大好きになり、夢中で授業を受けるようになりました。そして結果的に、両親や檀家総代さんを説得して地元の大学の生物学科に進学しました。もし、あの先生との出会いがなければ全く違った進路に進んでいたのだろうと考えると、人との出会いとは本当に不思議なものだと感じます。

一方で、高校では同じく物理や化学の授業も受けましたが、私はどうも相性が合わず、化学や物理の分野にはほとんど関心を持たないままになってしまいました。

結局私は生物という学問が元から好きだったのか、それとも先生が好きだったから生物が好きになったのか。他の科目はどうなのかと考えていくと、あの先生の影響が大きかったのだと率直に思います。それは、生物にはよく作用しましたが、化学や物理に興味が持てずに終わってしまいました。もっときちんと勉強すればよかったと、今になってから悔やんでいます。

そして自分のこれまでの人生を振り返ると、私が何かを学ぼうとする時に、教えてくれる人の好き嫌いやその人との相性で、学ぶことへの取り組みを変えてしまうことが少なくなかったように思います。もちろん、嫌いな人の話は耳に入ってこないものですし、相性の悪い人の話は心に響かないのも当たり前といえば当たり前です。如何《いかん》ともしがたいと思う一方で、同時にもったいないことをしていたのだという気づきもあります。冷静に考えれば、指導者をえり好みしたり値踏みをしたりすることは、学ぶという視点では大きな損失です。

## 正しく学ぶ

曹洞宗の『修証義《しゅしょうぎ》』というお経に、次のような一節があります。

無上菩提を演説する師に値《あ》わんには、
種姓《しゅしょう》を観ずること莫《なか》れ、容顔を見ること莫れ、
非を嫌うこと莫れ、行《おこない》を考うること莫れ、
但《ただ》般若を尊重《そんじゅう》するが故に、
日日三時に礼拝《らいはい》し、恭敬《くぎょう》して、

更に患悩《げんのう》の心を生ぜしむること莫れと。

前段は、素晴らしい教えを説いてくれる「人生の師」に出会うためには、人種や国籍、生まれや出自を問題にしてはならない。また、顔立ちがよいとか悪いとか、太っているとか痩せているとか、身体的な特徴を問題にしてはならない、という意味です。これはよく理解できますし、多くの方が共感できると思います。

そして中段では、その人の欠点をあげつらったりしてはならない、またその人の実際の行いの是非を論じてはならない、という教えが続きます。この人を師と仰いで教えを受けるならば、その人の人格や行動を非難したり量ったりしてはならないというのです。「仏道修行の師匠の、人格と行動を問わない」とは、一体どういうことなのでしょう。

実は、私はずいぶん長い間、この部分の意味が理解できずにいました。そして最近、専門の研究者に丁寧に教えてもらって、ようやくこの言葉の趣旨が理解できるようになりました。それは、「正しい教えを説いてくださる師匠に、正しく学ぶためには」相手を批評することが、自分に必要な学びを妨げてしまうということです。

さらに続く部分では、ただ教えの内容が確かだということを尊重すべきと説いています。つまりは、正しい教えを説いてくれる師に対して「そんなこと言ったって、あなたはできていないじゃないですか」「どんなに素晴らしいことを言ったところで、自分ができていない人の言葉は聞けませんよ」と考えるべきではないということです。

　考えてみれば、正しい教えは、理解しているからといっていつでも完璧に実現できるものではありません。師匠であっても人間である以上は、煩悩に惑いながらも振り子のように行ったり来たりしながら進んでいくものでもあります。その教えを本当に学ぶ気があるのであれば、指導者ができているかどうかは別の問題として、教えそのものを謙虚に受けとめることが必要なのだと、『修証義』は説くのです。

　学問は、何千年の歴史の中で人類が蓄えてきた叡智《えいち》の結晶です。それを理解するならば、学問自体の価値をきちんと学べるはずです。また仏法は数千年の間、人として正しく生きる方法を伝え続けてきました。代々の師匠が、自分の実現できたことだけを伝えてきたとするならば、仏法はすぐに目減りして消滅したことでしょう。謙虚に、教えそのものに目を向ける姿勢こそが、学びの本質です。

## 学びの成立する場所

　ところで、古い時代の文献や伝記類を見る時、感染症で亡くなる方が非常に多かっ

たことに驚かされます。そしてコレラや天然痘などの多くの病気は、長い間その原因すら分からないままで、今となっては信じられない治療法に多くの人が必死にすがっていたことも、現代の私たちの目には不思議な光景としてうつります。

日本でも明治期から昭和初期頃までの間に結核が大流行したこと、それによって多くの命が失われたこと。こうした病いで若くしてこの世を去った作家の作品に触れる時、彼らが今の時代を目にしたらどう思うのだろうと胸が詰まる思いがします。

時代を経て、多くの研究者の努力によって病気の原因が突き止められ、病気にかかる人は激減しました。特効薬も開発され、今、私たちは仮に同じ病にかかったとしても、薬を服用することですぐに治すことができます。彼らが決して手にすることができなかった薬を、私たちは容易に手に入れることができる。彼らがどれほど手にしたくてもできなかったものが、私たちの目の前にはあります。

「正しい教えは、人生の苦しみによく効く薬のようなものだ」と喩えられます。

師とはさまざまな「教えの薬」を持った医者のようなもので、病い（苦しみ）に応じた薬（教え）を与えてくれる存在です。私たちが医師から薬を処方してもらう時に、医師の人柄や相性、また医師自身が健康であるのかを重視するのか、それとも薬そのものの価値を重視するのか、人から学ぶということの意味を取り違えると、学びは成立しないのです。

以前、お坊さんの勉強会で、倫理学の研究者の講演を聞く機会がありました。講演の後で、聴講していたお坊さんが「先生は倫理学を研究しておられるとのことですが、ご自身は倫理的な人間だと思いますか？」と質問しました。何だかとんでもない質問のような気がして、ただ答えを待ったのですが、先生は「私は倫理学の研究者ですが、自分がとくに倫理的な人間であるとは思いません」と答えました。質問者は得意気に「どんなに倫理の研究をしても、倫理的な人間になれるとは限らないのですね」と続けたのですが、先生は「いいえ、倫理学を研究するということは、そういうことなのです」とだけ答えました。

私は当時、この答えの意味がよく分からなかったのですが、今は少し理解できるような気がします。少なくとも、質問者の問いが「学ぶ」という姿勢からかけ離れたものであることだけは、分かる気がします。

# 5 守れるか守れないかは二の次でよい

## 戒の意味

スポーツを見ていて、不思議に感じてきたことがあります。それは、よい指導者が現役時代、必ずしも優れた成績を残した人ばかりではないということです。

オリンピックや世界選手権などの大きな大会が近づくと、選手の育成がよく話題になります。元々卓越した才能を持っていて、なるべくして一流のプレイヤーになった選手ばかりではなく、実は、多くの選手の場合、よい指導者との出会いがきっかけで自分の才能に気づき、その才能を開花させ、伸ばしていけたことが分かります。

ただ、そうした優れた指導者の顔を見る時、現役時代に脚光を浴びた選手であれば、なるほど、あの選手に教われば強くなるのは当然だなと納得しますが、案外顔も名前も知らない方であることも少なくありません。「あれ？　こんな選手いたかな」と調べて初めて、現役時代はそれほど活躍した選手ではなかったことが分かったりします。同時に、世界を極めた選手がその後指導者として大成するかというと、決してそうばかりとも言えないようです。

一流のプレイヤーが必ずしも一流の指導者になるわけではないこと、逆に一流のプレイヤーではなくとも一流の指導者になっていることは、とても興味深い事実です。時に、監督やコーチが選手にとってよい伴走者と表現されることもあります。ここでは、「育てる」ことについて、よい伴走者には何が必要かを明らかにしながら考えてみます。

## 謝ることから共有は始まる

私には、二人の子どもがいます。私が二十八歳の時に一人目の子どもが生まれました。その頃、私は、自分が子どもを育てるということが全く実感できずにいました。子どもとどう接し、どう育てていけばいいのか見当もつかなかったのです。

それは、まず一つには自分がいわゆる「よい子」ではなかったことが原因なのだと

思います。小学生の頃は、自分が気の向いたことは夢中でやる割に、気が向かないことには本当にいい加減で、予習・復習だけでなく宿題さえほとんどやらず、先生に怒られてばかりいる子どもでした。「こんな私に子どもの教育などできるはずがない！」と考えたこともありました。

私の父はとても厳格な人でした。「父親の言うことは絶対」と、いわゆる典型的な「強い父性像」を実現したいと考えていたようでもあり、子どもに弱いところや自分の失敗を見せませんでした。

小学生時代は、厳しく絶対的な存在である父親という人物像を何の疑いもなく信じていましたが、思春期になり、ある程度物事の道理が見え始めると、父だっていつも正しいわけではないことに気づきます。それが元で父に反発することもありました。こういう背景からか、子育ての難しさを実感し、どう考えても自分は理想的な父親にはなれるはずもないと、子どもに向き合う取っ掛かりすら見つけられずにいたのです。

そんなある時、親が子どもに積極的に「ごめんなさい」を言うという教育をしている方に出会いました。子どもと接していて自分が間違っていたと思った時には、とにかくどんどん謝るのだと言います。その話を聞いても、親が子どもに軽々に謝ってばかりでは、親の威厳やプライドはどうなるんだ、子どもにナメられるのでは、となかなか納得できません。

その教育者の言葉です。

「親だって間違えることもあれば失敗することもある。まずはその前提に一緒に立つことが大事なのです。そして無理な言い訳をしたり誤魔化したりするのではなく、素直に謝ること。そうすれば、自分ができる、できないにかかわらず、何が正しくて、何が間違っているのかは共有できます。それが大切なんです」

これには目から鱗が落ちたようでした。そもそも、親が完璧である必要がないし、あるはずもない。子どもに対しては、自分が理想的な見本になろうとするのではなくて、何を、どうするべきなのかという、いわば価値観を共有するように心がければよいのだと気づきました。

その瞬間、私にとっての子育てのイメージが大きく変わりました。余計な力が抜けて、楽になった気がしました。

仕事柄、私はお通夜や葬式など急な法要が入ることがあります。不幸があれば、どれほど楽しみに準備をしていた家族旅行も取りやめなければなりません。子どもは「遊園地に連れて行くって約束したのに。大人のくせに約束破るなんて！」と怒ることもありました。

思わずこんな時は「仕事なんだから仕方ない」と大人の理屈を言ってしまいそうになります。しかし、大人なら嘘をついてもいい、仕事が理由なら約束を破ってもいいという結論は、子育ての中で正しいとは言えないでしょう。苦し紛れの言い訳でしかありません。

ならばいっそのこと「約束守れなくてごめんね」と謝ってしまう。約束は守るべきものだ、でも、大人でも理由があって守れないことがあるのだということを率直に話し、謝ることで、「約束は守るべき」という価値観の共有は果たせます。

## 禅の十の戒め

禅の世界には、信者がすべきでないことを示した十の戒めがあります。入信式でお坊さんから授けられる十六の戒に含まれる、以下の十項目ですが、これはいわば入会規則のようなものです。

不《ふ》殺《せっ》生《しょう》戒《かい》　生命あるものをむやみに殺さないこと
不《ふ》偸《ちゅう》盗《とう》戒《かい》　自分に与えられていないものを手にしないこと
不《ふ》邪《じゃ》婬《いん》戒《かい》　よこしまな淫欲に耽らないこと

不《ふ》妄《もう》語《ご》戒《かい》　嘘偽りの言葉を口にしないこと
不《ふ》酤《こ》酒《しゅ》戒《かい》　酒に溺れて仕事をおろそかにしないこと
不《ふ》説《せっ》過《か》戒《かい》　他人の過ちのみを責め立てることはしないこと
不《ふ》自《じ》讃《さん》毀《き》他《た》戒《かい》　自分を誇り他人を傷つけることをしないこと
不《ふ》慳《けん》法《ぼう》財《ざい》戒《かい》　物でも心でも施すことを惜しまないこと
不《ふ》瞋《しん》恚《に》戒《かい》　怒りに燃えて、みずからを失うことをしないこと
不《ふ》謗《ぼう》三《さん》宝《ぼう》戒《かい》　仏、その教え、それを実践する仲間を誹謗しないこと

すでにお話しした「他人の過ちのみを責め立てることはしない」「怒りに燃えて、みずからを失うことをしない」などの戒も含まれていることがお分かりいただけると思います。

私は、さまざまな儀式の中でこの戒を受ける方とお話しする機会があります。すると、多くの方は「戒を受けた後で、もし破ってしまったらどうなるのか」を心配されます。とくに真面目な方だと、「私には全部を守ることは到底無理です。入信は諦めます」と言い出す方もあります。

たしかに、いつも守ることができるかと問われれば、自信を持てないのは無理もな

いところだと思います。そして、「守れない可能性があるなら、受けない方がいい」と考えるのは自然なことでしょう。しかし、禅では、戒は「受けることにこそ価値がある」と考えます。はっきり言ってしまえば「守れるか守れないかは二の次でよい」のです。

実は、私は、初めこの考え方に、とても混乱しました。戒が仏さまの世界の「入会規則」であるとするならば、「守れなくてもよい」という考え方は到底理解できるものではない――。でも、私自身がこの戒と付き合い、理解を深めていく中で、この入会規則が求めているものが次第に分かってきました。

それは、行動という結果の共有でなくともよい、何が正しくて何が間違っているのかという価値観の共有こそが大切だということです。入信を希望される方には、「お坊さんである私も、いつでも全部が守れているわけではありません。でもいつでも忘れずに、少しずつでも守れるようになれればと思いながら日々精進しています。一緒に少しずつでも理想に近づけるようにがんばりましょう」と話します。

価値観の多様化がよく話題になりますが、世の中には実に多くの価値観が存在します。そしてそれは、国や地域、また時代によって大きく変わりますが、同じ国、同じ時代に暮らす人の中でも価値観は千差万別です。

私自身、決して完璧な人間などではありませんし、また同じように、私の周りにいる人たちもまた、完璧な人間など一人もいない。人間は誰しも弱く、また愚かな面も持ち合わせながら生きているのだとすれば、宗教者として、また父親として信者や子どもとどう接していくべきなのか。

それは、何をどうすべきなのか（禅の考える正しい価値観）を確かなものとして、自信を持って伝えること。そして自分もその価値観を共有していることを伝えること。できたことはできたなりに、できないことはできないなりに、一緒に迷いながらも目標や憧れを共有すること。「よき伴走者」として価値観を共有しながら、ともに歩んでいくことです。

コラム3　三黙道場

禅の修行は何か特別なことをするのではなく、日常生活を調えていくことが自分自身を育てる修行になると考えます。ですから、朝起きて、顔を洗って、歯を磨き、ご飯を食べて準備完了。さあ、修行を始めよう！　というのではなく、顔を洗う、歯を磨く、ご飯を食べることもそれぞれが大切な修行として、丁寧に意識を持って行じられるべきだと考えます。人間の行為を禅では行住坐臥と表現しますが、「行」（歩くこと）、「住」（留まること）、「坐」（坐ること）、「臥」（寝ること）という基本的な身体行為すべてが、おろそかにすることなく務められるべき修行であると考えるのです。

「起きて半畳、寝て一畳」という言葉がありますが、坐禅の時には半畳の畳の上で決められた作法通りにこれを行い、寝る時は与えられた一畳の畳の上で、作法に従い眠ります。坐禅も坐禅堂、寝るのも坐禅堂です。畳一畳は縦敷きの畳が長辺を接して隣の修行僧の畳（一人分の場所を「単」といいます）につながっています。

実は、この環境では、敷布団と掛け布団を使った通常の蒲団の敷き方では隣にはみ出してしまいます。大人用の蒲団は敷布団のサイズが大体畳一畳分あり、掛け布団はそれより大きいサイズだからです。ですから敷布団を敷かず、掛け布団二枚をそれぞれ縦に二つに折り、右側が開いた掛け布団と左側が開いた掛け布団をかみ合わせて、それを紐で縛って寝袋のような形を作り、その中に入って寝るという作法を用います。通称「かしわ布団」といいますが、柏餅の葉のように掛け布団に包まれて、かつ与えられた一畳をはみ出すことなく寝るという仕組みです。修行時代、「寝る時ぐらいはゆっくりのびのびとしたい」と、思わないこともありませんでしたが、寝ることも修行として位置づけられているのだと感じる瞬間でもありました。

　これは、端的に言えば、修行にオンとオフのスイッチがないということです。普通の仕事であれば、出勤時間にオンのスイッチが入り、退社時間にスイッチがオフになるという感覚かもしれませんが、朝起きてから寝るまで、また寝ている間もスイッチはオンのまま、というのが修行生活です。

　生活の中心の場所は坐禅堂です。睡眠、食事、坐禅がこの坐禅堂で行われます。そして坐禅堂では一切の私語が禁じられています。私語の禁止は坐禅中だけではなく、すべての時間に適用されます。そもそも禅の修行僧は、むだ口を慎むことをたしなみとして求められますが、それでも「衆寮《しゅりょう》」と呼ばれる学習のための部屋や、事務的な連絡を行う当番所、典座寮（食事を調える部署）や接茶寮（参拝の方をおもてなしする部署）などでは、必要に応じて会話をします。しかし、一歩坐禅堂に足を踏み入れれば、そこでは厳

格に私語は禁じられます。

他人とあれこれ話をするのではなく、きちんと自分と向き合うこと、意識をダラダラさせないこと、他人の修行の妨げにならないことなどが「黙する」ことで実現します。

この他にも決して話をしてはならない場所が二つあります。

その一つは「浴司《よくす》」、つまりお風呂です。修行道場では正式な入浴は五日に一回です。暦で四の付く日と九の付く日、この日を四九日《しくにち》といい、休日に当たります。

もちろん、休日といっても一日休みということにはなりません。起床時刻が一時間遅く、たとえば夏は通常の三時半が四時半に変わります。この一時間は、日頃睡眠時間が短めな修行僧にとっては本当に有難く、「今日はゆっくり寝られた」と感じられる時間でした。起床時間が遅くなった分の時間は、朝の坐禅と読経を短くすることで調整され、草むしりや庭掃除などの作務はなく、洗濯や縫物、また髭と髪を剃る「浄髪」が行われます。浄髪も大切な修行です。その際には「浄髪の偈」をお唱えします。

剃《てい》除《じょ》鬚《しゅ》髪《ほつ》　今、髪と髭を剃り
当《とう》願《がん》衆《しゅ》生《じょう》　願うことは、
永《よう》離《り》煩《ぼん》悩《のう》　永く煩悩から離れ、
究《く》竟《ぎょう》寂《じゃく》滅《めつ》　静寂な悟りの境地に達することができますように。

髪も髭も、剃っても剃っても生え続けるものです。それと同じように、私たちの煩悩も、払っても払っても生まれ続けるものです。髪や髭を剃るという行為を通じて、煩悩を滅する機会に捉えるという姿が、この剃髪の偈文に表れています。

そして午後の時間には開浴《かいよく》、つまりお風呂が開かれます。この五日に一度の入浴は私にとって、とても楽しみな時間でした。時刻は午後一時から三時まで、入浴も修行の一つですから衣を着て、絡子《らくす》という略式のお袈裟を着けて浴司に向かいます。浴司では、バッダバラ菩薩という浴司を護る仏さまにお拝して衣を脱ぎ、黙ってお風呂に入ります。その際には「入浴の偈」を心の中で唱えます。

もう一つの私語が禁じられる道場は東司《とうす》、つまりお手洗いです。お手洗いにも細かな作法が定められていて、まずはウスサマ明王という東司を護る仏さまにお拝をし、作法に従って用を足します。この際にも偈文を心の中で唱えます。

浴司、東司は、坐禅堂と合わせて三黙道場と呼ばれ、身と心を調える重要な修行道場として位置づけられています。そしてこれらは、日常生活を大切にするという禅の修行観を非常に明確に示しています。

＊本書で紹介している修行道場の様子は、私が修行した当時の大本山永平寺のものです。
同じ曹洞宗の修行道場でも地域や山風、また時の指導者の方針などによって多少の違いがあります。

## 6 悲しみと どう付き合うか

### 同悲・同苦の思想

お寺は、檀家さん数百軒分の悲しみが一挙に集まる場です。

人生は、出会いと別れの連続です。出会いの数だけ別れがあり、そして別れが時に大きな悲しみや痛みを伴うことは、多くの人が経験していることに違いありません。その別れに際して、とりわけ近しい方の死の場面に立ち合い、寄り添い、そして慰めるのが僧侶の仕事の一つです。

これまで多くのご供養の場に関わってきて、気づいたことがあります。当たり前ではないかと言われてしまうかもしれませんが、悲しみの質は決して同じではないということです。葬儀から時間が経っても悲しみが消えず、お会いするごとに涙を見せる家族もいれば、亡くなった直後にすべての遺品が片づけられ、そこに生きていたという気配すら感じさせなくなる家庭もあります。

若くして亡くなった方の遺族と、年老いて亡くなった方の遺族と、どちらの悲しみが大きいのかといえば、これも決して一概に言えることではありません。十七回忌を過ぎてもなお涙ながらに夫の話をする老婦人と接する時などは、正直なところを言えば、その涙を羨ましいとさえ感じることもあります。どちらが幸せかは別にしても、さまざまな死の現場に関わり、家族の話を聞くごとに、人は付き合ったようにしか、弔い、弔われないのだと強く思います。そして悲しみの質が一つではないように、悲しむという行為も決して一つのことではありません。

## 大切な人を失う

このことを考える時、頭から離れない女性がいます。

彼女は二人の男の子を持つ母親でした。子どもたちは元気に小学校に通っていましたが、ある時、下の子に大きな病気が見つかりました。治療法さえ確立していない難病で、懸命の努力の甲斐《かい》なく、彼は両親に見守られながら、静かに息を引き取りました。

私がこの両親と出会い、月命日にご供養をするようになって数年が過ぎました。

私が自宅に伺うと、いつでも両親が揃って出迎えてくれ、お兄ちゃんと三人で、お仏壇の前に座りご供養のお勤めをします。仏壇にはおもちゃやお菓子がたくさんお供えされていて、小さなお位牌と笑顔の写真が目に入ります。

子ども部屋には、学習机がそのままに残されています。お母さんは時折、この学習机の、ランドセルがかかったままの椅子に座り、子どもを思い泣くのだと旦那さんが話してくれます。法要が終わると、一緒にお茶を飲みながらお話をするのですが、その間中、お母さんは泣きながら死んだ子の話をします。

この女性にとって、私が行く月参りの日、そして命日やご法事の日は、溢れる悲しみをあらわにする日です。

親戚は、何年経っても泣くことを止めないお母さんに「早く泣くのを卒業しないと。あなたがいつまでも泣いていると、死んだ子供が成仏出来ないよ」「息子はもう一人いるのだから、早く元気にならないとその子がかわいそう」と言うそうです。そして子供部屋を片付けることを強く勧めます。「あの机があるから、いつまでも立ち直れないのだ」と。ですが母親はそれを頑なに拒み、時折泣くという生活を続けています。

お母さんは、「いつまでも泣いていてはダメなのでしょうか」と不安そうに尋ねることが一度となくありました。

精神科の医師たちが主催する、宗教と精神医療に関するシンポジウムで、この話をする機会がありました。すると、発表を聞いた看護師が、「亡くなって何年も経つのにまだ泣いている人を、どうして精神科医につなげないのか」と、かなり強い口調で質問されました。これは自殺問題にも関係するシンポジウムだったのですが、この種の問題に対して医療現場と宗教者が連携して活動していくことの意味は理解しているつもりです。しかし「何年も泣いている人は精神科に」という意見には賛同できませんでした。

たしかに、眠れない、食欲がない、生きているのがつらいなどの訴えがあるのなら、精神科やカウンセラーを紹介することが必要でしょう。でも、死者を悼んで泣いていることを理由に、精神科へ行きましょうとは言いません。それでは、泣いていること自体が異常だということになってしまいます。

また、あるお通夜に伺った時のことです。年配の男性の通夜だったのですが、会場には故人が好きだったという歌謡曲が流れ、祭壇は色とりどりの装飾がなされていました。喪主は、「父は生前、湿っぽいのは嫌いだから、明るく笑顔で見送ってほしい

と言っていました。今日は楽しくやってください」と言います。通夜振る舞いの席は、笑い声と音楽が溢れる「楽し気な」会になりました。

皆が笑顔で過ごす通夜の儀式。こうした場面は最近珍しくないのですが、私はいたたまれない気持ちになります。どうしてお通夜の席で笑わなければならないのか。本当に悲しくないならまだしも、もし悲しいのだとすれば、それを曲げて笑っていようというのは乱暴であるように感じます。この瞬間に心底笑えるのであれば、生前どのように付き合って来たのか、その人の「死」をどう受けとめているのだろうかと心配になります。

悲しみを少しでも紛らわせたいという気持ちは分からないわけではありません。しかし、人間、いつでも笑っていられるわけでもなく、笑っていなくてもよい。きちんと悲しみと向き合うという場面も必要だと思うのです。

二つの対照的な出来事を通して感じたことがあります。それは、近頃、「悲しむ」という言葉がマイナスのイメージでばかり捉えられているのではないかということです。言い換えれば、「悲しむ」ことは悪いこと、できれば速やかに忘れたいもの、そんな「百害あって一利なし」であるもの、そう思われているのではないかと感じます。しかし、この考え方の前で立ち止まってみたいと思います。

うれしいことと悲しいことのどちらを選ぶかといえば、それは私だってうれしいことを選びます。笑っていられる時間と泣いている時間のどちらが好きかと聞かれれば、当然笑っていられる時間を選びます。しかし人間が生きていく中では、どうしても悲しい出来事を避け続けることはできません。自分や、自分の親しい人の老いや病や死、愛する人との生き別れと死に別れ。冷静に自分の人生を見据えた時、人生は悲しみと嘆きの連続なのです。

## 悲しみに隠されているもの

この悲しみをどう受けとめるのか。

「悲しむ」という感情と行為は、人生において最大級に多くのエネルギーを必要とすることは間違いありません。それはつらく苦しい営みです。ある調査によれば、人間のストレスになる出来事の第一位は配偶者の死、第二位は肉親の死、第三位は自分自身の大きな病気や怪我だといいます。人生最大のストレスは死別の悲しみで、それは自分自身の身体的な苦痛よりも上回るものだと感じる人が多いことが分かります。

　別れや喪失といった「悲しみの現実」は、私たちの心身に大きな負担を与えます。だからこそ多くの人はこの悲しみを受け流すこと、もしくは紛らわすことは、時に重

要、時に必要と考えるのではないでしょうか。もちろん、心と身体が壊れてしまうほどの、大きく抱えきれない悲しみが襲ってきた時に、一時的に現実から目をそらしたり、何かで気を紛らわすことが必要になる時があることは自分自身の経験からも納得はできます。

しかし踏みとどまって考えたいのは、できれば避けたいと受け流す術こそが大切と考えるか、必死に受けとめるかで、人生そのものへの向き合い方が大きく変わってくるということです。誰にでも必ず、そして相当の量で訪れる悲しみの場面をどう価値づけるのかは、人生にどう向き合うかにつながっていきます。

そしてそれだけではなく、私は僧侶として、悲しみにも相応の意味と価値があり、決して無駄なものではないのだと捉えています。仏教者として、多くの悲しみの現場に立ち会ってきた者として、悲しむことにこそ、「気づきと共感」の源があると考えています。

「気づき」とは、自分に訪れる悲しみと同じことが、生きているすべての人に共通して訪れると知ることです。立場や事柄が違っても、悲しみの出来事そのものから逃れられる人はいません。私が笑っていられるこの瞬間にも、悲しみや苦しみを抱え、つらい思いをしている人がいるという事実に気づくこと、私が泣いている間にも、逆に笑っている人がいるのだと気づく目を持つことです。

また自分に訪れた悲しみの源流には、素晴らしい出会いの喜びがあったこと、幸せの時間があったのだと知ること、今訪れている幸せの瞬間には、いつか必ず訪れる悲しみの瞬間が内包されているのだと知ることでもあります。

すると、喜びや悲しみが対立相反するものではなく、一体のものとして見えてくるのではないでしょうか。江戸時代の禅僧、良寛《りょうかん》が、「裏を見せ、表を見せて散る紅葉」という辞世の句を残しています。これと同じように、喜びと悲しみも、落ち葉の裏表のようにくるくると変わりながら過ぎていく。表があるから裏があり、裏があるから表がある。こう捉えた時、喜びと悲しみはきわめて立体的なものに見えてきます。

## 同悲・同苦

自分の悲しみを知る人は、他人の悲しみにも敏感になれます。

仏教には「同悲・同苦」という考え方があり、相手の悲しみに同《どう》じ、相手の苦しみに同じることが慈悲の根本であると考えます。悲しむ人に寄り添い、苦しむ人に寄り添うことの基本姿勢が「同じる」ことです。そして、自分の中にある悲しみを丁寧に糧にできた人こそが、本当の意味で他人に優しくなれるのだと考えられないでしょうか。

ずいぶんと前の話になるのですが、体調を崩して内科の病院を訪れた時、待合室に飾ってあった絵画に、こんな詩が添えられていました。

よろこびが集まったよりも
悲しみが集まった方が
しあわせに近いような気がする

強いものが集まったよりも
弱いものが集まった方が
真実に近いような気がする

しあわせが集まったよりも
ふしあわせが集まった方が
愛に近いような気がする

（星野富弘『あなたの手のひら』一九九四年）

私がそれまで考えていたこの世の常識では、幸せは喜びが集まった方にありました。真実は強い者の方にありました。そして愛は幸せが集まった方にありました。私はそれを当たり前のように受けとめようとしてきたのですが、作者はまるでこの逆を言うのです。今まで漠然と信じてきたことが完全にひっくり返された瞬間でした。

後に、この詩を書いた方が星野富弘さんであることを知りました。星野さんは、元々体育教師で、クラブ活動の指導中に頸髄《けいずい》を損傷し、手足の自由を失い、病床にあって、わずかに動く口に筆を咥《くわ》え、絵と詩を書き続けています。

もし誰もが苦しまず、悲しまず、つらいことも切ないことも起こらない世界がもしあるとしたら、私たちはそこでどのように成長していくことができるのでしょうか。もし私が、何が起こっても悲しみの感情を持たない、いつでも笑っていられるような人間になれるとすれば、その人生は私にとって本当に意味のあるものになるのでしょうか。

少し考えただけでも、「悲しむ」ことの価値はたしかに感じていただけるのではないかと思います。避け続けても逃げられないものだからこそ、向き合う。そしてそこには、確かな価値があります。あなたの持つ悲しみは決して無駄ではないのです。

## 7 とてつもない状況に身を置く人に寄り添う

### 僧侶の難問

東日本大震災後、私たちは被災地の仮設住宅にお伺いし、お茶を飲みながらお話を聞かせていただく活動を続けています。時間の経過に伴い被災地の様子が報道される機会は減り、ボランティアの方々も徐々に少なくなってきました。一段落したという認識で、支援活動を終了する方向で進める団体もあります。たしかに物質的な面での復興は、遅々としながらも進んではいるように見えます。しかしお話を伺ってみると、解決のつかない悲しみや苦しみを抱えながら、何とか今日一日を生きているという方も多くいらっしゃいます。

## 解決が見込めない訴えを聞く

発災後、あるお医者さんから聞いた話が頭に残っています。

このお医者さんは被災地を回り、寝る間も惜しんで診察や治療に当たられました。

「私たちは、風邪をひいたと言われれば薬を出して治すことができる。怪我をしたと言われれば、治療をして治すことができる。けれども、家族を亡くして、寂しい苦しいと訴える人にはどうすることもできない。そして自分がどうすることもできない話は、正直聞くのもつらくなってしまう。私の力で解決できることなら、どんな苦労をしてでも解決してあげたいし、その自信もある。でも、解決できない問題に対しては、私たちのような医者は、からっきし弱いんです」

住む場所がない、暑い、寒い、仕事や収入がないなどの物理的な事柄は、大きな困難を伴いながらも、多くの人の努力や支援があれば、解決できないことではないでしょう。しかし、亡くなった家族に会いたい、津波が来る前の故郷に帰りたい、またみんなで元通りの生活をしたいという訴えには、解決の方法が見つかりません。そして人生を揺るがすような重要な事柄は、解決不能な場合が多いのだと改めて気づかされます。

京都で自殺の問題に取り組む団体の代表をしている友人がいます。彼は浄土真宗本願寺派のお坊さんで、自死念慮者の電話相談活動を仲間とともに行っています。

毎週土曜日の夜から日曜の朝にかけて、面識のない人から届く「死にたい」という訴えを聞き続けていることには同じ僧侶としても頭が下がります。ある時、乱暴な質問だとは思いましたが、こう尋ねたことがあります。「死にたい、死にたいと思い詰めて電話をかけてこられる方が、本当に死んでしまう場合と、思い留まる場合とでは、何がどう違うのでしょうか」

彼は少し考えて、こう答えました。

「死にたいと考えて電話をかけてこられる、その理由はさまざまです。そしてその多くは、病気や借金など、電話相談だけでは解決できない問題です。ですから、私たちは解決策をアドバイスしてはいません。ただつらいという気持ちに寄り添う。本当に死んでしまう人と、そうではない人の違いは、本当のところは分かりません。でも私が同じ状況だったら、「自分がこんなに苦しいんだ」という気持ちを、世界中でたった一人でも理解してくれる人がいると思えたら、死なずに済むかもしれない。逆に、つらいと思う気持ちを誰一人分かってくれないと感じたら、死んでしまうのかもしれない。私たちが見ず知らずの方の電話を取り続けているのは、その方にとって、世界でたった一人の存在になれると考えているからなんですよ」

解決できない話を聞くことの意味を、彼の言葉が教えてくれました。

## デンデンムシノカナシミ

誰か（何か）に寄り添うという言葉が話題になる時、相手の立場に立つ、相手の気持ちになる、といった言葉もよく聞かれます。しかし、この言葉は私にとって、一見理解できそうで、実は理解できないものでした。自分とは違う経験をした人の気持ちなど、本当に分かり切ることができるのだろうか――。

とくに、自殺の問題や被災地の支援活動に関わるようになると、その思いは強くなっていきました。それは、私には到底想像もできない過酷な経験をしている人が大勢いらっしゃることに気づいたからでもあります。その人の気持ちに寄り添おうとしても、多くは、想像を絶する状況に呆然《ぼうぜん》とするばかりでした。

また自殺や震災に限りません。僧侶が関わる生き死にの現場はさまざまです。小さなお子さんを見送らなければならない夫婦、心の病にかかり子どもと無理心中した妻のご供養をする、一人残された男性など、とてつもない状況に身を置きながら、私の目の前に座っている人がいます。この方の立場に立つなど、到底できることではない。

しかし、だとすると私は僧侶としてどんな心持ちで接すればよいのか。真剣に悩んだ時期もありました。

ある自死遺族は、「私も家族を自死で亡くしたから、あなたの気持ちはよく分かる。けれど、私は○年で立ち直った。あなたもきっと大丈夫」という言葉に傷ついたと言います。こう話した人はきっと、慰めるつもりだったのでしょう。しかし「私の気持ちは私だけのもの。あなたの気持ちが分かりますなどと、絶対に言わないでほしい」と口にされたその言葉に、私の迷いはさらに深くなりました。

「ごんぎつね」や「手袋を買いに」で知られる新見南吉さんが「デンデンムシノカナシミ」という童話を書いています。短い物語なので、全文を紹介します。

いっぴきの　でんでんむしが　ありました。
ある　ひ　その　でんでんむしは　たいへんな　ことに　きが　つきました。
「わたしは　いままで　うっかりして　いたけれど、わたしの　せなかの　からの　なかには　かなしみが　いっぱい　つまって　いるでは　ないか」
この　かなしみは　どう　したら　よいでしょう。
でんでんむしは　おともだちの　でんでんむしの　ところに　やって　いきました。

「わたしは　もう　いきて　いられません」

と　その　でんでんむしは　おともだちに　いいました。

「なんですか」

と　おともだちの　でんでんむしは　ききました。

「わたしは　なんと　いう　ふしあわせな　ものでしょう。わたしの　せなかの　からの　なかには　かなしみが　いっぱい　つまって　いるのです」

と　はじめの　でんでんむしが　はなしました。

すると　おともだちの　でんでんむしは　いいました。

「あなたばかりでは　ありません。わたしの　せなかにも　かなしみは　いっぱいです」

それじゃ　しかたないと　おもって、　はじめの　でんでんむしは、　べつの　おともだちのところへ　いきました。

すると　その　おともだちも　いいました。

「あなたばかりじゃ　ありません。わたしの　せなかにも　かなしみはいっぱいです」

そこで　はじめの　でんでんむしは　また　べつの　おともだちの　ところへ　いきました。

こうして、　おともだちを　じゅんじゅんに　たずねて　いきましたが、　どの　ともだちも　おなじ　ことを　いうので　ありました。

とうとう　はじめの　でんでんむしは　きがつきました。

「かなしみは　だれでも　もって　いるのだ。　わたしばかりでは　ないのだ。　わたしは　わたしのかなしみを　こらえて　いかなきゃ　ならない」

そして、　この　でんでんむしは　もう、　なげくのを　やめたので　あります。

（『校定　新美南吉全集第四巻』大日本図書より転載。読みやすさを考えて、カタカナをひらがなに改めた）

私には、重い殻を背負ってノロノロと友だちのところをさまよい歩くでんでんむしが目の前にいるかのように想像できます。

訪ね先の友だちは一様に、「私の殻も悲しみでいっぱいですよ」と答えます。大きなでんでんむしも、小さなでんでんむしも、もしかしたら子どものでんでんむしもいたかもしれません。でも、それぞれが、それぞれの殻を背負って、やはりのそのそと歩いていくしかない。お互いの殻の中は見えないのだけれど、同じように重い殻を背負って歩んでいくことに変わりはない。誰にも代わってもらうことのできない自分の殻を、皆が背負っている。でもだからこそ、一緒に歩んでいくこともできるのかもしれません。

先の自死遺族の言葉に悩んでいたある日のこと、先輩のお坊さんがふと口にした言葉がありました。「私はあなたになりえない、あなたは私になりえない。そこからスタートする寄り添いがあってもいいんじゃないのかな」

肩の力が抜けていくようでした。

前章で、「同悲・同苦」という考え方に触れました。

悲しみをともにし、苦しみをともにする、それが人と接する上で大切だということです。しかし、人にはそれぞれの経験と、そこから生まれてくる思いがあります。大切なことは、相手を理解した気になるのではなく、丁寧に、悲しみや苦しみの事実を共有することなのでしょう。

また禅の実践に「同事行」があります。相手の苦しみを、自分の苦しみに照らして受けとめ、相手の悲しみを自分の悲しみに照らして思いやるという意味です。この時、本当に人の苦しみや悲しみに寄り添うには、みずからに到来する悲しみや苦しみを

蔑《ないがし》ろにしていてはそれはできないと私は考えています。

真宗大谷派の金子大栄師が、「悲しみは悲しみを知る悲しみに救われ、涙は涙にそそがれる涙にたすけられる」という言葉を残しています。何も自分が過去に経験したつらかった出来事や経験にだけ頼ることではありません。自分もいつかは死にゆく存在であること。私の愛する人も、全員がいずれは死にゆく存在であること。私にも必ず愛する人との別れが来るのだということ。そうした「マイナスの平等」が等しく根底にあるのだと心の底から理解できれば、目の前で泣いているこの人と自分は、何ら変わらない存在であることに気づきます。そして、こうして初めて本当の意味で寄り添うことができるのです。

# 8 何を目標に人生を生きれば安らぐのか

## 『修証義』から

『修証義』というお経の中にこんな一節があります。

> 菩提心を発《おこ》すというは、己《おの》れ未だ度《わた》らざる前《さき》に一切衆生を度さんと発願し営むなり、設《たと》い在家にもあれ、設い出家にもあれ、或は天上にもあれ、或は人間にもあれ、苦にありというとも、楽にありというとも、早く自《じ》未《み》得《とく》度《ど》先《せん》度《ど》他《た》の心を発すべし。
>
> 其《その》形陋《いや》しというとも、此心を発せば、已《すで》に一切衆生の導師なり、設い七歳の女流

なりとも即ち四衆《ししゅ》の導師なり、衆生の慈父《じふ》なり、男女《なんにょ》を論ずること勿《なか》れ、此れ仏道極妙《ごくみょう》の法則なり。

「菩提心」とは、悟りを求める心のことで、分かりやすく言えば、自分にとっての本当の喜びや安らぎ、また「自分の人生は、この生き方でいいのだ」と心底納得することです。つまり、何を目標に人生を生きれば安らぎになるのかということ、それは一人一人の問題でありつつ、宗教の根本命題にも通じています。

この答えを、『修証義』は「自分だけの幸せを考えるのではなく、すべての生きとし生けるものが幸せであることを願い、できることに勤めること」と示します。そして人間だれしもが、相手を幸せにすることを喜べる力を生まれつき持っているのだというのです。

以前テレビ番組で、服部匡志《はっとりただし》さんという眼科医のことを知る機会がありました。服部先生は内視鏡を使った眼科の手術では世界トップレベルの「神の手を持つ男」と呼ばれる名医で、これまでに何万人もの患者を失明の危機から救ってきました。服部さんはフリーランスで眼科医を続けています。なぜ、フリーランスなのか。これほどの腕を持つ名医ですから、大病院の責任あるポストも、望めばすぐに手に入りそうなものですが、どこにも所属せずに、月の半分を、ボランティアとしてベトナムでの治療に当てています。

服部さんは、一か月の半分は日本の地方病院で手術を執刀しています。眼科医が圧倒的に少ない地方病院では、内視鏡手術の技術は貴重です。日本全国を飛び回り、多くの患者の治療をこなします。そうして自分と家族が暮らせるだけの生活資金を稼ぐと、単身ベトナムに渡り、残り半分の時間で無償の治療を行っています。以前たまたま訪れたベトナムの地で、手術が受けられずに失明する多くの患者を自分の技術で救えることを知った時、「また来るよ」と言わざるをえなかったそうです。

今では支援者も増え、旅費などは持ち出さずに済むようになりましたが、以前は旅費も自腹で、周囲からは「あいつは一体、何を企んでいるのか」などと訝《いぶか》しがられることもあったと言います。

服部さんは「日本では報酬をもらえる手術であっても、ベトナムでは逆にお金を出してしている。それでも私は患者を助けたいんです」と話します。大きな自己犠牲を伴う活動について、「どうしてそんなにも献身的になれるのですか」と司会者が尋ねると、服部さんは自己犠牲や献身的といったニュアンスに違和感があったのでしょう

か、少し考えてから次のように答えました。

「僕も患者さんから幸せをシェアしてもらっているんです。見えるようになった喜びを分けてもらっている。それが僕の原動力になっているんです」

ここまで番組を見ていて、私は、服部さんにとって、日本で手術することも、ベトナムで手術することも価値としては変わらないのだということに気づきました。服部さんが日本で訪れる地方都市の病院には、高齢のために大都市に移動して手術を受けられない患者さんが大勢待っています。その患者さんたちに声をかけ、治療をしている服部さんの表情と、ベトナムでの表情は全く変わりません。「自分の技術で患者の目が見えるようになること」が重要で、たまたま報酬が発生する／しないという状況を、うまく組み合わせてやりくりしているに過ぎないのです。

最初、私は、服部さんがボランティア活動がやりたくて、そのための手段として日本で手術を行い、その上でベトナムでの活動を続けているのだと受けとめました。しかし、どうやらそうではない。彼の発想や原動力はもっと単純明快で、自分がうれしく喜べることをしているに過ぎない。彼は自分の幸せを見つける、見つけ方と実現の仕方がとても上手なのだと感じました。

ボランティア精神は素晴らしい、人助けは尊いと考える一方で、私たちは、自分には到底できないことだと距離を置いて考えてしまいがちです。服部さんの活動について、そう理解することもできます。しかし一見、献身的な自己犠牲の上に成り立っているように見える服部さんの活動は、患者さんを治してあげるという上からの目線で成り立っているものではありません。治療をすることで喜びをシェアする、自分の手によって生まれる相手の幸せが、自分にも大きな喜びとなって返ってくることを自覚されているように思えました。だからこそ継続できるのでしょう。

## 喜びのありか

「アンネの日記」の作者であるアンネ・フランクが、「リタ」というタイトルの童話を書いています。この物語を簡単にまとめてみます。

ある日、リタは友だちと二人で街へ出かけました。二人はお菓子屋さんでフルーツパイを二つ買うと、それを持って街を歩きます。すると、通りかかったパン屋のショーウインドーの前で、小さな女の子がよだれを流さんばかりに店内のパンやケーキをのぞき込んでいました。

リタは女の子に近づき、「あなた、お腹がすいているの？」と話しかけます。

女の子は「うん、食べたいの」と答えました。

するとリタは「じゃあ、私のフルーツパイをあげましょうか？」と言います。

女の子は「ほんとに？」と目を輝かせました。

それを見ていた友だちはリタに言います。「バカなことはおよしなさいよ。あなたの分がなくなっちゃうじゃないの。私みたいに、早く口に入れちゃいなさい！」

そう言われたリタは、フルーツパイと女の子の顔をかわるがわる見比べました。

そしてパイを全部女の子に渡すと、「いいのよ。私はこれから家に帰って晩御飯なんだもの」と、女の子がお礼を言う間もなく、横町に消えていきました。

一部始終を見ていた「わたし」がその場から去ろうとしたのは、小さな女の子は美味しそうにかじった後でしたが、残りを「わたし」に差し出しながら、「あなたも、よかったら少し食べない？　もらいものなんだけど」と言いました。「わたし」は胸に暖かなものを感じました。

そして物語の最後にアンネは、こう語りかけます。

「ここで一番いい思いをしたのは一体誰だと思いますか？　リタでしょうか？　リタの友だち？　「わたし」？　それとも小さな少女でしょうか？　「わたし」は、リタだと思うのです！」

アンネは、一番いい思いをしたのはパイを全部あげたリタだと言うのです。アンネがこの物語で主題にしたのは、立派でも優しいでもなく「いい思いをした」ということでした。そして、リタこそが一番いい思いをしたと断言するアンネの言葉に驚きます。差別と困難の中で生き、わずか十五歳でこの世を去った少女が、喜びのありかをこんなふうに捉えて教えてくれることに、深い感動を覚えました。

## 相手を幸せにすることを喜べる力

『修証義』に戻りましょう。

「自分だけの幸せを考えるのではなく、すべての生きとし生けるものが幸せであることを願い、できることに勤めること」に気づき、歩みを進めたいと願うならば、その人はすべての生きとし生けるものの導き手になると『修証義』は説きます。しかも、たとえば七歳の女の子であっても、すべての人間の導師であり、すべての「慈しみある父親のような存在」になりうると言うのです。

このお経がまとめられたのは明治二十三年です。当時は強い家父長制度の中で「女子どもは」という言い方が当たり前のように通った時代です。そんな時代に、幼い女の子でも、という言葉は、強いインパクトをもって受けとめられたことでしょう。ま

た当時は数え年でしょうから、今で言えば五、六歳の女の子、就学前の子どもであっても、「導師」になるとは衝撃的です。そしてよくよく考えれば、『修証義』の実践は、七歳の子どもでもできる範囲の中でだけ語られていると気づきます。

「他人の幸せを自分の喜びに」というフレーズは、さまざまな経験で成長しながらも、社会に揉《も》まれ擦れてしまっている大人から見れば、理想論や空論のように聞こえてしまうかもしれません。年を重ねるごとに積もる煩悩が、心を曇らせてしまうからです。しかし、自分の心の奥底を丁寧に見据えた時に、誰しもリタのような気持ちを持っていることに気づくことができるはずです。

仏教では、悲しんでいる人、苦しんでいる人に手を差し伸べて助けてあげたいと願い、行動することを「利他行《りたぎょう》」と言います。そして誰しもができる四つの実践を『修証義』は次のように示します。

布施《ふせ》　「与える」こと
愛語《あいご》　慈しみの心で、優しい言葉を発すること
利行《りぎょう》　相手のためになることをすること
同事《どうじ》　相手の喜びや悲しみを、自分の喜びや悲しみに照らして寄り添うこと

さらに、「舟を置き橋を渡すも布施の檀《だん》度《ど》なり、治《ち》生《しょう》産業固《もと》より布施に非ざること無し」と言います。つまり、川に渡し船を置き、橋を架けるのも布施、社会の仕事として産業に励むのも布施だと続いています。自分が関わる仕事の一場面でも、「他人の喜びを自分の喜びに」と考えて務めることができれば、それがそのまま利他の行いになるということです。

服部さんやリタのようにはなれなくても、誰でも、転んで泣いている子どもがいたら手を差し伸べるでしょうし、席を譲ったり募金をしたりという行為に、喜びを感じることがあるはずです。私にとっての人生の喜びはどこにあるのか。私にとって心の底からうれしいと感じられることは一体何なのか。もう一度、素直に自分に問いかけた時、今までとは違う自分に気づくことができます。

# 9 人は長い長い人生を歩いていく

## 挫折と「本来の面目」

お寺には、実にさまざまな人がやってきます。ご供養で来られるお檀家さんの他に、悩みごとの相談で来られる方も少なくありません。その内容もさまざまで、浮気やドメスティック・バイオレンス（ＤＶ）などの夫婦間の問題、職場の人間関係、子どもの不登校や引きこもりなどの問題、はたまた病気や借金など専門外の相談を持ち込まれることもあります。

弁護士や医者に相談した方がいいのではと思う案件もないわけではないのですが、問題が複雑に絡み合ってしまっている場合は、どこに相談すべきか分からなくなるようで、とりあえずお坊さんに相談したいと訪ねてこられる方も多いのです。知り合いのお坊さんが、「お坊さんは、分別不要のごみ箱みたいなもので、何でもそのまま吐き出して捨ててもらえるのがいいんだよ」と言っていましたが、なるほど言い得て妙だと思います。

不登校や引きこもりなど、子どもの問題で悩んでいる親の相談を受けることも少なくありません。目的を持って続けてきた学校生活に挫折してしまって、くじけてしまっている子どもも、その親御さんも苦しさを感じているのだと思います。そして意外にも、両親がいわゆる優秀な方である場合も多くありました。「なぜ自分の子どもが学校に行かないのか、なぜがんばろうとしないのか、どうしても理解できない」と聞くことも一度や二度ではありませんでした。

私はある方にこう話したことがあります。

「あなたは、勉強も部活も上手にこなしてきた自分と、できていないお子さんを比較していませんか。失敗や挫折をした人の気持ちは、経験のない者には分からないものです。でも、人生の中で一度も失敗の経験がない人などいません。あなたも何かしら、そのような経験があるはずです。勉強や学校とは全く関係のない、恥ずかしい失敗や失恋の話でもいい。自分ができなかったことやその時の気持ち、そうしたものを息子

さんに話してみてはいかがですか？　きっと何かが変わりますよ」とお話ししました。「そんなことをすれば、息子はますます「自分はこれでいい」と思ってしまう。今の息子に、自分が失敗した話など聞かせられません」と答えが返ってきました。

### 心の栄養

挫折について考える時に、何度も思い出す文章があります。受験を控えた中学三年生の男の子が、母親との会話について書いたものです。

母と語る

夜、母と話をしていました。母は、静かな声で話しました。なんの話かというと、入試のことなのです。母は、第一志望校に落ちて、第二志望の高校へ行ったそうです。合格発表があった日、一歩も家から出られなくて泣いていたそうです。だから、世間話などであの子は入ったとか、この子は落ちたとか、そんな話は、一切しません。今になってみると、あの時のことが、物の考え方に、ひどく役に立ったといっていました。心のやさしさの大切さもよくわかったそうです。母は受験では失敗しました。でも、やさしさに磨きがかかったのです。不合格を冷たい目で見ない母を、むしろ尊敬します。その時は悲しかったに違いありません。人の目を気にしたかもしれません。でも今では、静かな声で話します。年月がそうさせたのでしょうか。人の気持ちは変わるのでしょうか。今ではそれが、心の強さ、やさしさになっているのです。

頭のいい、まるで失敗を知らない、カッコいい母でなくともいいのです。やさしさをたたえた母が大好きです。

夜、母との話は沢山のことを考えさせてくれました。話の中身から、語っている母そのものから。今夜、母が一層好きになりました。母を前より尊敬する気になりました。母にはいろんな体験があるのです。三月に入って、卒業式がすむとぼくの志望校の入試があります。今夜母から聞いた話を胸にしまって受験します。人は長い長い人生を歩いていきます。その間に、いろんなことがあるでしょう。思いがけないこともあるでしょう。目の前に迫ってきた入試、これだって、たくさんの出来事の中の一つのことです。母みたいに、心の栄養にしていきたいものです。

（東井義雄『「いのち」の教え』一九九二年）

私はこの文章を読んで、「挫折する」ことの価値に改めて気づかされました。

私が生まれ育ったお寺にも、挫折を経験した子がいました。学校でのいじめが原因で中学一年の時に不登校になり、二年からお寺に住み込み、中学から高校の五年間をお寺で過ごしました。彼はその後、駒澤大学の仏教学部に進学し、卒業後、数年間の大本山永平寺での修行生活を経て、今では一人前の立派なお坊さんになっています。

私はたまに実家に帰ると、当時中学生だった彼の勉強を見たり、一緒にお坊さんとして法要に出たり、話をしたりと、年の離れた兄弟のような関係で付き合いを続けてきました。いじめから逃れお寺に来た当初は、自信のない、不安な表情を見せることが多かったのですが、新しい環境の中で、さまざまなことを学び、吸収しながら、次第に表情にも自信が見られるようになりました。

たくましく成長し、二十歳を過ぎたある日、彼は私に「全智さん、僕は全智さんより立派なお坊さんになれると思えるようになりました」と真顔で言いました。「どうして？」と聞き返すと「だって、全智さんにはいじめや不登校の経験がないでしょ。でも僕にはその経験がある。一度挫折して、そこから這《は》い上がってきた経験がある。だから全智さんよりも、いじめや引きこもりの子どもたちの気持ちが分かる自信がある」と答えました。何もできずにおどおどしていた彼が、経験と自信を蓄えてこの言葉を発したことに驚き、自分の挫折の経験をこんなふうに話せるようになったのかとうれしくなりました。

## 選り食いはしない

知り合いのお坊さんから聞いた、ある尼僧さんの話です。

縁あって仏門に入り、ずいぶん苦労をされながら修行を続けてこられたのですが、真面目さと一所懸命さが周りから認められ、ある寺院の住職に迎えられることになりました。

住職として正式にお寺に入る時は、晋山式《しんさんしき》という儀式を行います。たくさんのお坊さんをお迎えしての一世一代の大行事ですから、その準備は、晴れがましくも大変な苦労があります。何か月も前から準備が続いているそんなある日、身体の異変に気付いた彼女は病院で、余命数か月の診断を受けました。

さまざまな苦労の末にようやくたどり着いた住職という立場、そして晴れ舞台の準備に務める中での衝撃的な事実。それでも彼女は住職になるという道を捨てませんでした。

準備が整った晋山式の当日、本堂では恒例の禅問答が行われました。この問答は、出席した大勢のお坊さんが、須弥壇《しゅみだん》（本堂正面の壇上）に上がった新住職に対して問

答をかけ、その返答を参加者全員がお聞きするという、晋山式最大の山場でもあります。

そこであるお坊さんが「あなたは今日、人生最大の晴れ舞台に上がっている。一方であなたは病魔に冒されていて、余命いくばくもない。その二つをどのように受けとめていますか」という意味の問答をかけました。

よくそんな質問をしたものだと驚く一方で、幸福と不幸、喜びと苦しみ、苦しみと安らぎ、そして生と死に向き合う禅僧という存在に対して、最高の敬意を表していたとも思います。

全員が耳を澄ませ、かたずを飲んで返事を待つ中、彼女ははっきりとした口調でこう言いました。

「選り食いはしない。全部いただく！」

私は、この尼僧さんにお会いしたことはありません。しかし、禅僧たるものの生死《しょうじ》観《かん》が力強く伝わってきます。また、彼女が住職就任を辞退しなかった理由についても納得しました。

春は花　夏ほととぎす　秋は月　冬雪さえてすずしかりけり

道元禅師が詠んだ和歌です。この和歌には「本来の面目」という題が付いています。本当の物事の在りようといった意味です。

春夏秋冬、季節は巡っていきます。春になれば花が咲く。夏になればホトトギスがさえずる。秋には月が夜に映える。冬には雪が冴えわたる。夏は暑いと嫌うわけでもなく、冬は寒いと嫌うわけでもない。春には春の、夏には夏の、秋には秋の、そして寒い冬には、冬なりの味わいがある。人間にも春夏秋冬があるのかもしれません。思いがけないことも起こります。挫折もその一つでしょう。その一つ一つを追わず、拘《こだわ》らず、丁寧に味わうことにこそ、真実の在りようが現れる。道元禅師の和歌がそう教えてくれています。

# 10 仏に会っては仏を殺せ

## 人間の「強さ」の意味

仏教学の恩師に、信仰についてのあるキリスト者の話を聞きました。それは、信仰を持つ人と持たない人の違いを、船に喩えたお話でした。二艘の船が海に浮かんでいます。片方は錨が下りている船、もう片方は錨が下りていない船です。

二つの船は見た目に全く違いはありません。そして、潮が満ちれば同じように船は上がりますし、潮が引けば下がります。風が吹けば傾き、嵐が来れば船は波風に揉まれて激しく揺れることになります。

一見して何の違いもない二艘の船ですが、嵐が去った後で、二艘の船には大きな差が出ます。錨の下りていない船は、波に流されて元の場所から大きく動き、戻るべき場所を見失ってしまいます。ですが錨の下りている船は、元の場所に留まることができます。

そして人が信仰を持つということは、船が錨を下ろすようなものだと言うのです。この方が言っているのは、信仰を持てば「自分の人生」という船が揺れないということではありません。どんなに熱心に神さまを信仰したとしても、自分の人生に潮の満ち引きがなくなるわけでも、風が吹かなくなるわけでもない。また船も揺れなくなるわけでもないのです。他の人と同じように、風は吹くし、船は揺れます。でも、どんな嵐に遭った後でも、元の場所にいることができる。それが信仰の価値だと言います。

仏教の四苦八苦に代表される「ままならないこと」は、信仰のあるなしにかかわらず誰にでも訪れます。そして、それに伴う悲しみや苦しみもまた、誰にでも等しく訪れるものです。悲しい出来事が起こらなくなるわけでも、その出来事を悲しいと思わなくなるわけでもないのだけれど、自分の居場所を見失うことがなくなることだとも言えます。

私は信仰について、自分も、このキリスト者と同じように捉えていることに気づきました。そして、以前聞いた「免震」の話を思い出しました。

高層ビルを造る時の地震に備える工法は、耐震ではなく、免震という考え方をします。それは、揺れないように頑丈に造るのではなく、むしろ効率的に揺れることで力を逃がし、結果的に地震に強い建物を造るという考え方で、今の高層建築設計の主流になっています。強い建物を造るには、より頑丈に、揺れないようにと考えてしまいそうですが、全く逆の「ゆらゆら揺れる方が強い」という発想は興味深いものでした。同じことは橋の建築にも言え、たとえばレインボーブリッジや瀬戸大橋などの大きな橋は、風に揺れないようにと設計するのではなく、むしろ風が吹けば吹かれるのに任せ、地震が来れば揺れに任せてむしろ揺れることで強いものを造ることができるということでした。揺れるからこそ強いのだという発想は、目から鱗が落ちる思いでした。

## 強い心

私が関わる坐禅会に来られる方は、それぞれに参加の目的があります。その中には「精神を鍛えたい」「何事にも動じない強い心を持ちたい」と仰る方も少なからずおられます。では、「強い心」というのはどういった心なのでしょうか？

おそらくこの人たちが考える強い心は、「どんなことがあっても心を動揺させることもなく、鋼《はがね》のような硬い心で人生の難題に立ち向かっていく」というようなイメージなのだと思います。ですから坐禅が終わった後で「なかなか心が落ち着きません」「いろんなことに心を動かされてしまって、これではまだまだダメですよね」という反省の言葉が口から出てしまいます。

しかしこれまでにも触れたように、いくら坐禅の修行をしても、身体感覚や感情から自由になるということはありません。これと同じように、心が揺れないなどということもありません。むしろ揺れることで、しなやかで伸び伸びとした、折れない心を保つことができると考えます。

私は「坐禅をして揺れない、動じない心を作るというのは目標違いです。逆に、揺れていることに気づいて、感じて、それを丁寧に味わってください」とお伝えしています。

**すべては壊法である**

釈尊がお亡くなりになる時の話です。
間もなく息を引き取ろうとする釈尊の周りには多くの弟子が集まり、最後の説法を聞いていました。そんな中、弟子たちに対して釈尊が残した遺言が伝えられています。

その一つは「私を灯火とするのではなく、みずからを灯火としなさい」という言葉でした。これからの人生において、迷い道も多く、時には暗闇を歩んでいくこともあろう中で、教祖としての私を頼りにするのではなく、自分自身を頼りにして、しっかりと歩んでいきなさいという教えです。釈尊は、教祖として崇《あが》められ、弟子がやみくもに自分を信仰することを許しませんでした。きちんと自分で考え、自立することを求める姿勢は、教団の教祖としてはあまり例を見ないものだと思います。

そして、「すべては壊法である、怠ることなく精進しなさい」とも言いました。壊法とは「今は正しいことでも、いつかはそれが変わるかもしれない」という意味です。自分が遺した言葉も教えも、時代や場所が変われば、それは正しいことではなくなるかもしれない、と言うのです。これも教祖の言葉としては珍しいものだと思います。

実は、この言葉を初めて聞いた時、私は「ずいぶんと無責任な言い方だな」と思いました。「私は絶対だ、信じて付いて来なさい。私の教えは絶対だ、疑うことなく受けとめなさい」と言ってもらった方が分かりやすく、迷わずに済みます。

しかし、釈尊は、「自分で考え、自分で責任を持って行動すること」こそが重要だと考えたのです。未熟さ故に迷い、揺れたとしても、時に「これでよいのだろうか」

と不安になったとしても、釈尊の教えを自分なりに咀嚼《そしゃく》し、受けとめ直しながら進んでいくことに、生きる意味と人生の価値を定めていたのだろうと思います。

　これに似た考え方で、禅の世界には「殺仏殺祖」という言葉があります。「仏に会っては仏を殺し、仏祖（師匠）にあっては仏祖を殺す」という、何とも物騒な禅語なのですが、何かを絶対的なものとして、ただ無批判に信じるのではなく、みずからの目で見た事柄、みずからが身体で体験した事柄を、きちんと自分で受けとめ、考えることの大切さを示した言葉です。

## 揺れ幅の価値

　仏教の根本には、「無常」という教えがあります。

　無常とは、世の中のすべては変わり続けるものであり、変わらずに固定されたものなど何一つないという意味です。季節が春夏秋冬と、絶えず刻々と変わり続けるように、自分の身体も、精神も、感情も、また自身を取り巻く環境も、関わる人も、社会の価値観も、暮らす人々の感覚も、何一つとして変わらないものはありません。たとえばこの日本という国をここ数十年で見ても、道徳や価値観、正義の基準ですら変わり続けています。

こうした中で、「すべては壊法である。怠ることなく精進しなさい」と言った釈尊の遺言は、最後の段階で、自分の教えですら確かなものであり続けるのかは分からないと、「自己否定」の要素を残すものとなりました。しかし、この姿勢こそ仏教の目指す「揺れ幅の価値」を担保しているのだと言えます。

私たちは時に迷います。そして心は揺れ動きます。迷い揺れることは一見不安定で、頼りないことのように感じるかもしれません。そして「迷わず揺れない」人に憧れ、いずれそうなりたいと考えるかもしれません。

しかし「迷わない、揺れない」ことは、実はきわめて危険で脆《もろ》いものです。なぜなら、世の中そのものが揺れ続け、流れ続け、変わり続けているからです。そうであれば、迷い揺れることはむしろ、人間の幅を広げてくれる大切な要素だと言えるのかもしれません。

揺れてもいい。迷ってもいい。それらすべてが自分自身にしなやかな強さを与えてくれるのだと受けとめることができた時、人間の「強さ」の意味や基準が、今までとは違って見えてくるはずです。

〈著者紹介〉

## 宇野全智

昭和四十八（一九七三）年、山形県生まれ。山形大学理学部生物学科卒業。曹洞宗の布教師養成機関（現在の曹洞宗総合研究センター教化研修部門）修了後、大本山永平寺で一年間の修行生活を送る。曹洞宗総合研究センター研究員、職員等を経て現在、同センター専任研究員。曹洞宗の教えを分かりやすく伝えるための企画・開発を手掛け、曹洞宗の本部、各支部が主催する僧侶・寺族向け研修会の講師などを務める。また曹洞宗公式サイト「曹洞禅ネット」の企画運営や、一般向け各種講演会、研修会、坐禅会、写経会等の他、曹洞宗「こころの問題」研究プロジェクトリーダーとして、被災地支援活動、自死遺族支援活動にも関わる。山形県・地福寺副住職。曹洞宗広報委員。

---

曹洞宗公式サイト「曹洞禅ネット」
http://www.sotozen-net.or.jp/

---

曹洞宗公式 Instagram「sotozen_mind」
本書で掲載した写真など、曹洞宗寺院の山内や修行僧の様子をありのまま撮影し、随時発信しています。

禅《ぜん》と生《い》きる
生活《せいかつ》につながる思想《しそう》と知恵《ちえ》
20のレッスン

二〇一七年五月十五日　第一版第一刷印刷
二〇一七年五月二十五日　第一版第一刷発行

著　者　宇野全智《うのぜんち》
発行者　野澤伸平
発行所　株式会社山川出版社
〒一〇一－〇〇四七
東京都千代田区内神田一－一三－一三
電話　〇三－三二九三－八一三一（営業）
　　　〇三－三二九三－一八〇二（編集）
https://www.yamakawa.co.jp/
振　替　〇〇一二〇－九－四三九九三
企画・編集　山川図書出版株式会社
印　刷　株式会社太平印刷社
製本所　株式会社ブロケード


ISBN978-4-634-15116-1 C0015